授業づくりサポートBOOKS

自主学習
システム
&
ノート作成法

福山憲市 著

明治図書

はじめに

　自主学習に取り組み始めて，32年が経ちます。
　32年を振り返ると，自主学習は正に「守破離」の世界だなあと思うことがよくあります。
　まずは，子どもたちに「学び方の型」を伝え，「学ぶことの面白さ」を培っていく段階があります。「守破離の守」です。
　この「守破離の守」を自主学習システムでは，次のような漢字に置き換えて表現しています。
　「**自額**」……「学び方の型」をいろいろな場で，一人ひとりに涵養を図ります。時間をかけて，少しずつ沁み込ませていきます。一人ひとりの「額＝ワク」をつくる段階だと思っています。
　すると，ある日突然，一人ひとりが学ぶことをとことん楽しみ始めます。**ブレイクスルーの瞬間**と呼んでいます。それが「守破離の破⇒**自学**」の段階に入った瞬間です。
　「学びの型」を生かして，自分なりの工夫を少しずつ入れていく段階と言ってもいいです。本書では，追究・分析型自学がどんどん出てくる時期として紹介しています。
　この頃の子どもたちの姿は，正に「アクティブ・ラーナー」です。自学をするのが，生活リズムの一つになっているのです。
　やるのが当たり前，やらないとなんか変という姿に変わり始めています。
　ちなみに，これを福山学級では**「あたり前力」**と呼んでいます。「前に向かって突き進む力」を多くの子どもたちがもつようになります。
　3学期頃になると，自額そして自学の段階を経た子どもたちは，守破離の離，**自楽**の段階へと進んでいきます。
　学ぶことをとことん楽しむ。子どもたちの自学に取り組む姿は，学んでいるというよりも楽しんでいると言った方がぴったりします。

本書では，趣味自学として紹介しているものです。一つのことを，とことん追究することを楽しむ。教師の想像を越える学びをする子が，続々と出てくる段階です。

　わずか1年間で，子どもたちの学びに取り組む姿が，**自額⇒自学⇒自楽**と顕著に変わっていくのを32年見続けてきました。もちろん，年によって，学年によって，その変わりようには差があります。

　でも，差はあっても，本書に紹介したような自主学習システムが浸透すると確実に一人ひとりを「アクティブ・ラーナー」に変えていくと確信しています。

　ところで，本書に詳しく書いていますが，自主学習システムは，それだけが独立したシステムではないことを強く意識して，実践を積み上げていく必要があると思っています。

　『自学力を育てる授業と家庭学習のシステム化　小学5年』(明治図書刊)という本を，1993年に出版しているのですが，当然，「日々の授業」や「家庭学習」などと自主学習システムが，リンクしていることは言うまでもないです。

　本書では，このリンクの様子をことあるごとに紹介しています。自主学習だけで，子どもたちが「アクティブ・ラーナー」になるのではないです。

　これを**「学びの連動」**と呼んでいます。

　「学びの連動」の意識なく，自主学習システムをつくり上げることは，簡単ではないと思っています。

　1章にも書いていますが，掲示物一つでも自主学習システムに影響を与えます。教師の何気ない「朝の話」一つでも，大きな影響を与えることがあります。

　時には，保護者と子どもたちの関わりが，自学力を飛躍的に伸ばすこともあります。

　教育活動すべてが，自主学習システムとつながっていると思って，32年間

実践し続けてきました。

　教師が「学びの連動」を意識し始めると，子どもたちは，身の回りのいたるところに**「学びのタネ」**があることに気がつき始めます。

　今まで，見れど見えずだったことやモノに目が行き，見たら見える子どもたちへと心構えが変わります。これを**「心が変わる⇒変心」**と呼んでいます。

　教師そして子どもたちの心構えが変わったとき，変身いえ変心すると言ってもいいと思うのです。

　ところで，「学びのタネ」を**「学びの多音」**と書いて，子どもたちに次のような説明をすることがあります。

　身の回りのどんなモノ・こと・人からも，学ぶことがあると思うようになると，「タネが多音」になります。学ぶ心に，もっと多く学ぼうという音を響かせる。こういう人は，とっても素敵な学び手です。そんな姿を見ると，有難いなあ，すごいなあといつも思います。

　自主学習は，子どもたちの心田を耕します。心田が耕されるから，学び田も耕されると思っています。

　心田・学び田が耕されるから「アクティブ・ラーナー」となって，素敵な学びを楽しむ姿に変わっていくのだと思うのです。

　本書には，子どもたちの心田・学び田が耕されていく様子を，子どもたちの実際のノートなどと共に語っています。少しでも，お役に立てることを願っています。

2018年2月

CONTENTS

はじめに

1章 アクティブ・ラーナーを育てる自主学習システム

1	主体的に学ぶ子どもたち（アクティブ・ラーナー）	10
2	自主学習に対する意識	12
3	自主学習システムの三つの原則	14
4	原則1　全員の原則	16
5	原則2　リフレインの原則	18
6	原則3　プラス1の原則	20

2章 自主学習ノートの始め方（1学期）

1	自主学習を始めるパターン①	22
2	自主学習を始めるパターン②	24
3	自主学習を始めるパターン③	26
4	全員経験の原則①	28
5	全員経験の原則②	30
6	目標とする自主学習ノートイメージ	32

7	自主学習をリズムにする場	34
8	自主学習のメニューを紹介する	36
9	自主学習のメニューを創り出す	38
10	知的学級掲示自学が自学力をアップする	40
11	宿題君・面白ワークが自学力をアップする	42
12	自主学習にさらに楽しく取り組む①集め自学で追究力アップ！	44
13	自主学習にさらに楽しく取り組む②観察自学で追究力アップ！	46
14	自主学習をさらに楽しく取り組む③心・体の自学に力を入れる	48
15	自主学習のやる気を継続させる評価①	50
16	自主学習のやる気を継続させる評価②	52
17	自主学習のやる気を継続させる自学紹介術①	54
18	自主学習のやる気を継続させる自学紹介術②	56
19	自主学習のやる気を継続させる教師自学紹介術	58
20	自主学習をレベルアップさせる競争・共創と共育	60

3章
自主学習ノートの発展（2学期）

1	夏休みの自主学習	62
2	2学期の自主学習は「深化」	64
3	深化する自主学習への取り組み①分析自学	66

4	深化する自主学習への取り組み②分析自学ワーク	68
5	深化する自主学習への取り組み③深化する宿題君	70
6	深化する自主学習への取り組み④はてな・発見通信誕生	72
7	深化する自主学習への取り組み⑤モノ作り・コレクター自学	74
8	深化する自主学習への取り組み⑥何でも徹底視写自学	76
9	自主学習を深化させる親子自学①面白ワーク・宿題君編	78
10	自主学習を深化させる親子自学②面白カルタ・カード編	80
11	自主学習を深化させる親子自学③親子自学ノート編	82
12	自主学習を深化させる親子自学④旅学び・耳学び・読書学び編	84

4章
自主学習ノートの完成（3学期）

1	冬休みの自主学習	86
2	3学期の自主学習は「趣味化」	88
3	趣味化する自主学習への取り組み①専門家自学	90
4	趣味化する自主学習への取り組み②ブック自学・大判用紙自学	92
5	趣味化する自主学習への取り組み③問題集自学	94
6	趣味化する自主学習への取り組み④手紙自学	96
7	趣味化する自主学習への取り組み⑤「子どもたちで授業」自学	98
8	趣味化する自主学習への取り組み⑥テレビ学び・キーワード学び	100

9	趣味化する自主学習への取り組み⑦原稿依頼システム	102
10	目標達成みんな自学に挑戦　目標値は月までの距離	104
11	自主学習の締めくくり①1年間の成長	106
12	自主学習の締めくくり②次年度へ繋げる	108

5章
実物でみる自主学習ノート&宿題君・面白ワーク

1	低学年の自主学習ノート①	110
2	低学年の自主学習ノート②	112
3	低学年の自主学習ノート③	114
4	低学年の宿題君&面白ワーク	116
5	中学年の自主学習ノート①	118
6	中学年の自主学習ノート②	120
7	中学年の自主学習ノート③	122
8	中学年の宿題君&面白ワーク	124
9	高学年の自主学習ノート①	126
10	高学年の自主学習ノート②	128
11	高学年の自主学習ノート③	130
12	高学年の宿題君&面白ワーク	132

6章
自主学習ノートQ&A

1 なかなか自主学習に取り組めない子がいたら,
どうしたらいいですか　134
2 評価の時間を確保するのが大変な時は,どうしたらいいですか　136
3 自学を子どもたちに定着させるために,
日頃から心がけていることはなんですか　138
4 自学をするのに時間がかかり過ぎると言われた時,
どうしたらいいですか　140
5 保護者に,どんな協力をお願いしていますか　142
6 自学をがんばった子に,何か賞をあげていますか　144
7 自学ノートが1冊終わったら,どのようにされていますか　146
8 学級通信で,自学をどのような形で紹介されていますか　148
9 他の学級や他学年との関わりで
自学を取り組む上で配慮していることはありますか　150
10 特別支援学級で,自学に取り組まれたことはありますか　152
11 自学を30年近く続けてきて心に残るエピソードはありますか　154

おわりに

1章 アクティブ・ラーナーを育てる自主学習システム

1 主体的に学ぶ子どもたち（アクティブ・ラーナー）

📱 自主学習のもつ力

　次のページの写真を見てください。机に積まれているのは，ある日の自主学習です。山のように，自主学習ノートなどが集まります。
　一人で，30冊以上のノートを提出する子がいます。
　中には，何冊もの自主的に取り組んだ問題集を持ってくる子もいます。
　もちろん初めから，こんな山のような自主学習ノートや問題集が出されたわけではないです。
　自主学習のやり方のコツをつかみ始めると，もっとやりたい，もっといろいろなことを調べたい，もっと学んだことを書いて残したいという子が増えていったのです。そんな子どもたちは，次のようなことを言います。
　「先生，自主学習をやり始めてから，どんな人からも，どんなモノ・ことからも学べることがたくさんあって，勉強するのが楽しいです」
　「自主学習をやればやるほど，次から次へと，自主学習のテーマが浮かんできます」
　自主学習は，学ぶことを「主体的に楽しむ子ども」に変えてしまう力をもっています。わずか数ヶ月で，写真のような事実を残させてしまうのです。

> **ポイント**
> 　自主学習の「自主」には二つの意味があります。一つは「**自**然と**主**体的に学習に取り組む」。もう一つは「**自**分が**主**役となって学習に取り組む」です。自主学習のもつ力は，子どもたちの心組みを変えてしまいます。

一笑懸命な姿を生み出す力

右の子どもたちの表情を見てください。

どの子も笑顔です。

これだけの自主学習に取り組んだという事実に、自然と笑顔になります。

子どもたちには、日頃から次のように言っています。

「一生懸命やり続けている人は、やることを楽しんでいる人です。やることを楽しんでいる人は、自然と笑顔になります。これを**一笑懸命**というそうです」

子どもたちは、この「一笑懸命」という言葉が大好きです。

「先生、今日も一笑懸命に自主学習ができました。楽しかったぁ」

「自主学習をするのは大変だけど、がんばると笑顔になれます。一笑懸命にやるって、楽しいです」

主体的に自主学習に取り組む子どもたちは、笑顔に溢れています。やった事実が自信になって、自然と笑顔を生み出します。さらに、こんな言葉を付け加えます。一笑懸命な姿が、一段と増えます。

「**【笑う門には福来たる】**という言葉があります。心から笑う人には、自然といいこと（福）がやってくるそうです」

自主学習は、一笑懸命な姿を生み出す力をもっているのです。

●●● 一言アドバイス ●●●

自主学習に取り組ませると、確実に「主体的に学ぶ子どもたち」を生み出します。ただし、そこに「子どもたちの心組み」を変える言葉や目標になる姿をそっと提示してほしいのです。自主学習が、一人ひとり、時にはクラス全体の「心持ち」を変えていくことになります。

2 自主学習に対する意識

📖 自主学習の心持ち「Must-Can-Will」

　次のページの2枚の写真を見てください。
　「自主学習に対する意識」を知る上で欠かせない，1枚の宿題プリントと自主学習ノートです。
　宿題プリントに，国語の授業中にも扱った「漢字君紹介」というコーナーを設けています。四角に手足を付けて，吹き出しを付けただけです。
　この「漢字君紹介」が，漢字練習をとことん楽しむ「漢字練習自主学習ノート」を生み出したのです。この自学に取り組んだ子は言います。
　「先生，この漢字君紹介なら漢字練習を楽しみながらできます！　面白いです！　もっとやりたい，そんな気持ちでいっぱいです」
　漢字練習をやりなさいと言わなくても，進んで漢字自主学習ノートに取り組んだのです。楽しくて仕方ないとまで言います。
　もちろん，たった1回やって終わりではないです。もっとやり続けたい，もっといろいろな工夫をしてみたいと言って，結局1か月で1冊のノートを完成しました。この心持ちが，自主学習に対する意識だと考えています。

> **ポイント**
> 　子どもたちの自主学習に対する意識が，自分でもできる（can），もっとやろう（will）に変わったとき，自主学習が子どもたちの中に浸透していきます。やりなさいと言われたからやる意識（must）をなくさせることです。

自主学習の心持ち「続き学び」

　右の宿題プリントをやって，はい終わりでは，右下の写真のような自主学習は生まれません。

　子どもたちに，宿題プリントでやったことを，続けてやってもいいという心持ちをもたせることが大切です。

　こんなときは，合言葉を使います。

「自主学習は，続き学びです！」

　宿題プリントを配るときに，この合言葉を言います。

　「誰が，続き学びをしてくるか楽しみにしています」

　はっきりと，期待を言葉にします。

　すぐに，何人かがやってきます。

　その姿をほめます。内容よりも，続き学びに挑んだ姿をほめます。こういう「場」を少しずつつくり，「自主学習は続き学び」という意識を全員に浸透させていきます。

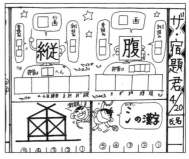

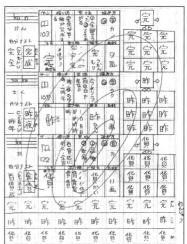

●●● 一言アドバイス ●●●

　「一笑懸命」のときと同じで，子どもたちの自主学習に対する心組みを変えることを大切にしています。特に，「できる」「もっとやりたい」「続き学びに挑戦しよう」という思いをもたせる「声かけの場」を，教師が意識して仕掛けていくといいです。

3 自主学習システムの三つの原則

📖 全員が進んで毎日やり続ける自学

　自主学習システムをスタートするとき，常に心している言葉があります。
　「全員が進んで毎日やり続ける自学」です。この言葉の中に，自分自身が自主学習システムをスタートするときに欠かさない，三つの原則があります。
　一つ目は，**「全員」の原則**ということです。クラス全員が，自主学習に前向きに挑むということです。もちろん，簡単なことではないです。1年間かけて，常に前向きに取り組む「全員」にするという，教師の強き思いです。
　二つ目は，**「毎日やり続ける」という原則**です。子どもたちが，自主学習を1年間休まず挑み続けるということです。疲れたから今日の自主学習は休みたい，そんな日も当然出てきます。その思いにも勝ち，自主学習に臨み続ける子どもたちの心持ちを育てるという，教師の強き思いです。
　三つ目は，**「進んで」やるという原則**です。やりなさいと言わなくても自主学習に挑む，進んで自主学習を工夫する，そんな子どもたちを1年間かけて育てるという，教師の強き思いです。
　これら三つの原則を含んだ言葉を，教師自身がしっかりと持ち続けることが，自主学習システムづくりには欠かせないと思っています。

> **ポイント**
> 　「全員が進んで毎日やり続ける自学」……この言葉に込められた三つの原則を，次のように簡単な言い方にしています。「全員の原則・リフレインの原則・プラス1の原則」。1年間常に意識しておきたい三原則です。

学びの連動・学びのタネ

　自主学習システムは，それだけで成り立つものではないです。

　右の図のように，授業・宿題・知的掲示・共育などと「学びの連動」をしています。

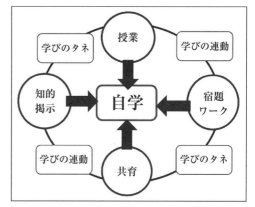

　このことを，教師はしっかりと意識して，自主学習システムづくりに挑むことが必要です。自主学習の学びのタネは，学びの連動を通して，いたる所から得ることができます。

　先述の「漢字練習自主学習」ノートは，授業中・宿題プリントで紹介した「漢字君紹介」が学びのタネとなって，生み出されたものでした。

　教師が，この「学びの連動・学びのタネ」を強く意識し続けることで，子どもたちの中に，次のような心が芽生えます。

　「どんな所からも，どんな人からも，どんなモノやことからも，自主学習のテーマになるヒントがある」

　こうなると，「自主学習をやり出すと止まらない。もっとやりたいことが出てくる」という子どもたちの声が，あちこちから聞こえてくるようになります。

●●● 一言アドバイス ●●●
　自主学習システムを子どもたちに浸透させるためには，教師自身が「全員が進んで毎日やり続ける自学」「学びの連動」「学びのタネ」などの芯になる言葉を，1年間ぶれることなくもち続けることが大切です。

4 原則1　全員の原則

📱 全員が自主学習に挑む事実を残す

　自主学習をやらない子が，一人もいない。これが，自主学習システムの一番大切な原則です。

　自主学習ノートに取り組む量には，当然「差」があります。自主学習を始めた頃は，何十頁，何冊と自主学習に取り組む子もいます。少ない子は，1ページ満たない子もいます。そんな，取り組む量にスタート期はウェイトを置きません。大切にするのは，「全員」が自主学習に挑むことです。この事実が続くことに教師の全力を注ぎます。

　当然，自主学習ノートを忘れる子もいます。そんな子は，朝来てすぐに少しでもやる。明日提出するというのではなく，3分でも5分でもやり，その日に自主学習を出したという事実を残させます。

　全員が自主学習を出したという「見える事実」は，子どもたち全員の「誇り」になります。全員が出すということは大変なことで，すごい事実です。

　自然と，自主学習が「明日もみんなでがんばろう！」という**「みんな意識」**を高めていくことになります。

> ポイント
>
> 　自主学習は，一人ひとりが取り組むものです。でも，大切なのは「全員」で自主学習を楽しむという意識です。全員が自主学習を出せば，全員を毎日ほめることができます。全員の原則は，全員ほめの原則でもあるのです。

全員が取り組むと四つの「ぜん力」が高まる

　自主学習に「全員」が取り組むと，四つの「ぜん力」を高めることになります。
　一つ目は**「全力」**です。よく「全力」でがんばるという言葉を耳にしますが，これは「全員力」でがんばるということです。みんなの力が高まります。
　二つ目は**「前力」**です。全員が自主学習に挑むと，みんなの心が前を向くことになります。
　三つ目は**「善力」**です。全員が取り組むから，互いを認めほめ合うことができます。善い心を生み出す力となります。
　四つ目は**「然力」**です。自然体の然です。自主学習を全員が取り組むことが，当たり前の姿・当然の姿になっていきます。

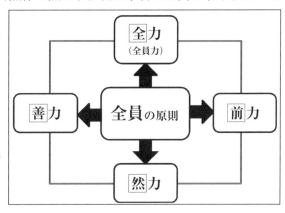

　四つの「ぜん力」を見ていただくとわかるように，自主学習に全員が取り組むと，子どもたちの学びに対する心が変わっていきます。
　「全員の原則」は，子どもたちを**「変心」**させる力をもっているのです。

●●●　一言アドバイス　●●●
　自主学習システムをスタートさせるとき，「全員の原則」を一番大切にしてほしいです。それは，子どもたちの学びに対する意識を変える，「四つのぜん力」を生み出すことになるからです。「四つのぜん力」が高まると，自主学習をみんなで楽しむようになります。

5 原則2　リフレインの原則

「追究し続ける」子どもたち

　次のページの自主学習のノートを見てください。これは，ある日の「わらぐつの中の神様」の分析です。

　この子は，「『わらぐつの中の神様』分析ノート」を1冊つくって，毎日2ページ以上の分析を続けていたのです。自分で，物語の一部分を取り上げて，自分で問題をつくり，自分の考えを書き続けました。（自分で問題をつくることを〈自分発問〉と呼んでいます。）

　自主学習では，自分がやってみたいことを，何度も何度もしつこく追い続けることができます。先述の漢字練習自主学習ノートでも同じです。漢字君紹介の形で，新しく習う漢字をしつこく練習し続けたのです。

　自主学習のいいところは，追究し続ける子どもたちを増やすことです。

　一つのことを，何度もしつこく繰り返すことを楽しむ子どもたちにしてしまうことです。

　自主学習で何をしたらいいか迷うことはないです。それよりも，自主学習でさらにどんなことを深く掘り下げていこうかと，追究する楽しさを味わう子どもたちです。

ポイント

　自主学習を始めると，子どもたちは自分のやりたいテーマをとことん追究し続けます。これが，リフレインの原則です。敢えて言うと，しつこいリフレインです。このしつこさを楽しめる場が自主学習です。

変化のあるリフレインを楽しむ子どもたち

「わらぐつの中の神様」を追究し続けた子は，毎日の自主学習に，これだけをしているのではないのです。

それだけだと，どうしても飽きが，心の中に生まれます。

この子は，同時並行で「詩の分析」「漢字分析」「算数文章題分析」などもやってきたのです。「わらぐつの中の神様」でやり続ける楽しさを体感し，違うテーマでも追究を楽しみ続けました。

一度「追究し続ける」ことを体感した子どもたちは，違うテーマで追究を楽しめるようになるのです。

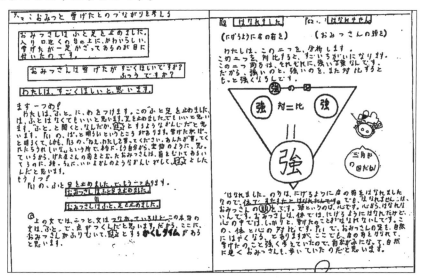

●●● 一言アドバイス ●●●
違うテーマで追究を楽しむことを，変化のあるリフレインと呼んでいます。一つのことを追究するコツをつかんだら，テーマを変化させて繰り返し学んでみることを，そっとアドバイスします。子どもたちは，自主学習で追究することに飽きることなく，学び続けます。

6 原則3 プラス1の原則

「もう一歩前」「もうひと工夫」の発想

「プラス1の原則」とは何か。これは,「もう一歩前」「もうひと工夫」の発想のことです。子どもたちが自主学習を提出したら,まずは,いい所をうんとほめます。でも,それで終わりではないです。

「もう少し,このあたりを追究してみるといいね」

「このあたり,もうひと工夫してみない?」

そんな言葉を,子どもたちに投げかけます。すると,子どもたちは,さらなる追究を始めます。

例えば,先述の「わらぐつの中の神様」の自主学習ノート。次の自分発問(自分で問題をつくること)を生み出すヒントを声かけします。

例えば,先述の漢字練習自主学習ノートでは,漢字君紹介でどんなことを紹介するといいか,どんな書き方をするといいかの声かけをします。

声かけをし続けると,子どもたちの中に,もう少し工夫しようという心が育って行くのがわかります。その姿を「ひと工夫してるなあ」という言葉などで,うんとほめ続けるのです。

> **ポイント**
>
> 自主学習が提出されたら,まずほめる。それで終わらず,さらなる追究を生み出す声かけをします。その声かけは「もう一歩前」「もうひと工夫」できるようにするものです。そうすることで,ほめることが一段と増えます。

📄 五つと言われたら，それ以上

　右のプリントを見てください。「確」などの漢字を，びっしりと練習しているのがわかると思います。

　子どもたちには，びっしり練習してくださいとは言っていません。

　「練習のプラス１をしてください」と言っているだけです。

　実は，授業中の漢字練習で，こんな場を子どもたちは経験しています。

　「新しい漢字を１分間で五つ練習してください」

　当然，五つ書くことは，あっという間にできます。余った時間，さらなる練習をしている子は，いません。

　「五つと言われて，それ以上書いた人はいますか」

　「五つと言われて，時間が余ったら，それ以上書く人が花丸です。これをプラス１と言います」

　こう話して，もう一度違う漢字で同じ指示を出すと，全員が五つ以上の漢字を書きます。当然，全員をうんとほめます。

　こういう場を通して，プラス１する心を体感していきます。

●●● 一言アドバイス ●●●

　プラス１する心を学ぶと，もうひと工夫するアドバイスを，素直に聞く子が増えます。なるほど，さらにこんなことをすればいいのかと，新しいことに進んで挑戦するようになります。その姿を「プラス１してるねえ」とほめるだけで，子どもたちの笑顔が増えます。

1章　アクティブ・ラーナーを育てる自主学習システム

2章 自主学習ノートの始め方（1学期）

1 自主学習を始めるパターン①

📔 前年度を引き継ぐ

　下の自主学習ノートを見てください。自学1回目に持ってきたものです。自学をスタートするにあたっては，次のように言っただけです。
　「去年も自学をやっていたようですね。明日，自学をやって来てください。今までどんなふうに自学をやっていたか知りたいので，先生，楽しみにしています」

　前年度，自学システムを浸透させていた学年の場合には，まずはそのまま引き継ぎます。
　スタートの説明はほとんどしません。
　まずは，全員が出す自学を見ることからスタートです。

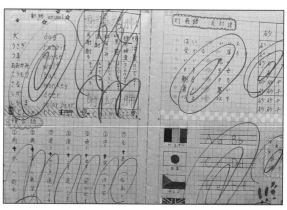

ポイント

　前年度，自主学習システムをとっていた学年を担任した場合には，まずはどんな自学のやり方をしていたかを確認します。その様子を掴んだ上で自分なりのシステムを付け加えていくようにしています。

前年度を引き継ぐ上でのポイント

前年度，自主学習システムを行っていた場合，次のことを主に確認します。

1 **全員がやってくるか**
　……「全員が必ずやる」ということが，浸透しているか。
2 **自学の提出の仕方は，どうか**
　……いつ，どのような形で，自学を提出するか。
3 **どんな自学内容をやってくるか**
　……漢字，計算などのドリル的な自学か。それとも，自分たちの好きなテーマで取り組むか。
4 **ノートの使い方はどうか**
　……日にち，テーマの書き方，色，定規の使い方などはどうか。1ページのノートの構成の仕方はどうか。
5 **評価はどうなっていたか**
　……やってきた自学を，どのような評価をしてもどしていたか。（前年度の自主学習ノートを見せてもらう）
6 **自学紹介の仕方は，どうだったか**
　……友達の自学の紹介は，どうなっていたか。学級通信で紹介，コピーを掲示板に貼るなどの様子を子どもたちに聞く。

　子どもたちに浸透している自主学習システムのリズムを生かしながら，新しい学年のリズムづくりを少しずつ仕掛けていきます。
　このパターンは，子どもたちに自主学習システムがすっと馴染みます。

●●● 一言アドバイス ●●●
　自主学習を行っている学年・学級が増えてきました。ただ，学級数の多い所では，そのシステムが微妙に違っています。まずは，何日か何も言わず行わせてみて，少しずつ「ここは修正・改善しよう」というポイントを見つけていきます。

2 自主学習を始めるパターン②

📘 宿題プリントの発展型として始める

右の宿題プリントは，始業式初日に出したものです。初日に，春の七草につなげ，土筆・蝸牛などの当て字の話をしました。その後に宿題として出したプリントで，問題数をわざと8問程度にしています。

もっと見つけたい，もっと書きたいという気持ちを高めるように仕掛けています。

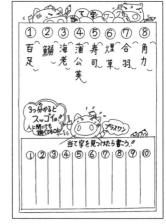

イラストの吹き出しに書いてあるように，人に聞いても，本やネットで調べてもOKです。すぐに，たくさんの当て字を発見します。

このプリントを渡すときに，こんな風に言っています。

「ここに書き切れないくらいの当て字を見つけたら，プリントの裏に書いて来てもいいです。もちろん，ノートに書いて来てくれたら，もっと嬉しいです。ノートは，どんなノートでもいいですよ」

ポイント

当て字のような問題は，すぐにたくさん見つけることができます。必ずもっと調べたい，書きたいという子がいます。まずは，全員ではなく，何人かの子が「自主学習」をやってくるように仕掛け，その姿をほめます。

宿題プリントの発展型として始めるときのポイント

　宿題プリントから自主学習システムをスタートする場合，次のポイントを意識しています。

1　「もっとやりたいと思う宿題プリント」を用意する
　　……当て字プリントのように，問題数を少なくしたり，調べるともっとたくさん見つけることができたりするものを用意します。
2　「何人かがやって来てくれれば」という意識をもつ
　　……最初から，全員がやって来ると思っていません。一人でもやって来ればその事実から広げていきます。
3　最初から「全員」にさせたいと思ったら，全員経験の原則を使う
　　……もし，今年度の子どもたちは，最初から「全員」にしたいと思ったら，後で紹介する「全員経験の原則」を使った場を設定します。
4　たった1回ではなく，何度か「宿題プリント」を仕掛ける
　　……当て字プリントは国語問題ですが，その他にも算数・社会・理科などいろいろな教科のプリントを提示し，自主学習に挑戦したくなる場を増やします。拙著『15分で国語力アップ！小学校国語科アクティブ・ラーニング型面白ワーク60』『社会科基礎・基本を確実に身につけさせるワーク　小学5年』（明治図書刊）などを参考にしていただけるとありがたいです。
5　1週間後ぐらいに，全員が提出する場を設ける
　　……いつまでもやって来る子だけというのではなく，1週間後には「全員が自学に挑む場」を設けます。1週間で，自学のやり方を学んでいます。

●●●　一言アドバイス　●●●

　宿題プリントが，自学の手本となります。同じように，自学ノートに書けばいいことがわかります。ただ，書いてくる内容には「差」が生まれます。これが，もっと工夫して自学をやろうという意欲を生み出します。さらに，宿題プリントは，自学ネタの紹介にもなります。

3 自主学習を始めるパターン③

📔 自主学習システムの話をして始める

右の自学ノートは，4月9日に出されたものです。始業式の日に，自主学習のやり方を簡単に説明します。

①まずは，五感を使った自主学習をしてほしいことを説明。

②どんな書き方をしたらいいかを説明。教師が取り組んだ自主学習を例にして，説明。

・テーマの書き方　・色　・絵
・調べたモノ　・書く内容など

③教師の例を，そのまま真似をして取り組んでみることを勧める。右の自学ノートは，ほぼ教師例と構成が同じになっている。

④もちろん，教師例は印刷して，子どもたちに配布する。

> **ポイント**
>
> まずは，自主学習のテーマを指定した方がいいです。同じテーマにすることで，子どもたち同士で相談することができます。やって来たものを見せ合うこともできます。さらに指導もしやすいです。

自主学習システムの話をして始めるときのポイント

　今までに，一度も自主学習をしたことがない学年を受け持ったときの場合です。特に，低学年を受け持った場合は，このパターンが多いです。

1　初めのテーマ（ネタ）は，誰でも簡単にできるものにする
　　……「五感を使って」というテーマは，どの学年でも馴染みやすいテーマの一つ。学年によっては，子どもたちに「誰でもできるテーマ」を発表させ，その中から，1回目にやるテーマを決定することもあります。

2　書き方のひな型を示す
　　……教師が取り組んだひな型，今までの子どもたちが取り組んだひな型，どちらでもいいけれど，お手本を示します。拡大版を用意し，テーマの書き方や色の使い方，構成の仕方などを説明します。質問も受けます。

3　書き方のひな型を配る
　　……お手本となるひな型をコピーしたものを表に，裏には，書き方の枠だけを印刷したものを配ります。そのまま真似をしていいことを告げます。

4　自主学習システムを，いつから始めるか考える
　　……始業式の日に，自主学習システムを説明する必要はないです。子どもたちの実態を把握し，いつスタートするかを決定します。ある年は，2学期からスタートしたこともあります。その年は，宿題がなかなか全員揃わなかったのです。全員が宿題を必ず出すようになって，スタートしました。

5　1回目の自学は，全員分すべてコピーして掲示する
　　……他の子が，どんな取り組みをしたかを見える化し，参考にさせます。

●●●　一言アドバイス　●●●
　自主学習システムの話は，一度で終わらず，提出された子どもたちの自学ノートを見せながら，同じ説明でもしつこく繰り返します。もちろん，取り組むテーマは変えますが，やり方がわかってきた！と，どの子も言うようになるまで，システムの徹底を図ります。

4 全員経験の原則①

全員が真似してつくることができる場

　全員経験の原則というのは，全員に自主学習を経験させる場を設けることで，いつの間にか，自主学習のやり方を掴むことになるということです。
　その場で使用する教材に，下のような子どもたちが真似したくなるものを用意します。下のプリントは「正しいことわざを選択する」という教材です。
　全部で問題数23ですが，子どもたちは選択肢の面白さに，もっとやりたい，自分たちでもつくってみたいと言います。

もちろん，どの学年でも，すぐに真似してつくることができます。

面白い選択肢の子の作品を紹介すると，次から次へと，自主学習ノートに，真似をする子が増えます。

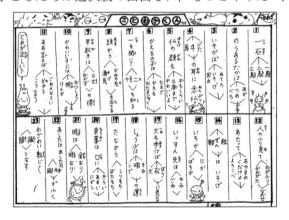

> **ポイント**
> 　あっという間に全員が，自主学習をやるようになる。そのためには，誰でも真似したくなる問題のプリントを用意することです。1章で紹介した自主学習に対する心持ち「Can-Will」がここにつながっています。

全員がもっと答えを探したくなる場

　朝学や授業時間・帰りの時間などを利用して，5～10分程度の自主学習を経験する時間を設定します。これが全員経験の場です。

　全員が同じことを経験することで，どんな風に自主学習に取り組めばいいかという，共通の話題をもつことができます。

　例えば，下のプリントは風船の中の文字をくっつけて，言葉をつくる教材です。どの学年でもすぐにできます。例えば，「わ」と「に」で「わに」。つくるのは，わずか8個です。2～3分もあればできます。

　もっと答えを探したい，全員がそう思うように，わざと少なくしています。この続きをノートに書かせるのです。

　5～10分で，ノート1ページびっしり見つけてくる子が出てきます。

　もちろん，友達と相談をしてもいいです。

　二つの風船には，自分が書きたい文字を付け加えていいです。そうなると，どんどん言葉が浮かんできます。全員が，あっという間に自学に取り組みます。

　全員が，がんばって自主学習に取り組んだ事実を，うんとほめるのです。

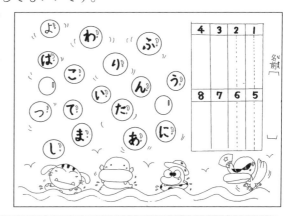

●●● 一言アドバイス ●●●

　宿題嫌いという子も，こういう問題の続きは積極的に考えてきます。「先生，こんな勉強好き！」もちろん，その言葉や姿をうんとほめます。同時に，「まだまだ，レベルが上がっていくよ。ゲームでも，だんだんとレベルが上がるでしょ。勝てるかなあ」と少し挑発します。

5 全員経験の原則②

📓 全員がわいわい言いながら調べる場

　全員が自主学習を経験する場には，みんなで楽しく調べることができる教材を用意するといいです。

　自主学習は，基本一人でやるものですが，ときには，友達とわいわい言いながらやるのも自主学習ということも大切にしています。

　例えば，右の教材は「カキクケコ」から始まる国を探し，世界地図に色を塗ったり，国名を書いたりするものです。

　まずは，これを全員で調べます。友達と，わいわい言いながら調べます。

　教え合い自由です。

　この後は，このプリントをそのままノートに貼って，他の行の国を友達と調べ続けます。自主学習が進みます。

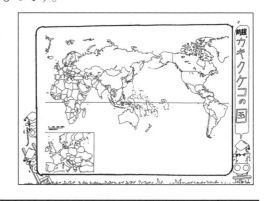

> **ポイント**
>
> 　自主学習を全員でやるときは，とにかく教え合う。わいわい言いながら，楽しむ。楽しければ，教師が説明を細かくしなくても，どの子も自主学習のやり方を覚えていきます。それを「ひとり自学」のときに生かさせるのです。

全員が身の回りにあるものを観察し続ける場

　全員が自主学習を経験する場の教材に，葉っぱ観察というのがあります。
　葉っぱは，身の回りにいくらでもあります。自主学習を続けるのに，ネタに困ることがないくらいあります。
　たとえ葉っぱのネタがなくなっても，花・茎・根を調べることができます。
　植物でなく，動物へと目を向けてもいいです。自主学習のネタが，どんどん広がっていきます。
　全員が自主学習を経験する場では，身の回りに，自学ネタはいくらでもあることを体感させます。
　自主学習に何をやったらいいか困るということがないように，こういう場を仕掛けているのです。
　もちろん，葉っぱ観察という同じ自主学習でも，書き方は，人それぞれです。右の写真のように，葉っぱの裏表まで描く子も出てきます。

　同じ教材でも，自主学習のやり方には差が出てきます。

　全員経験の場を通すことで，やり方の工夫も学ぶことができるのです。

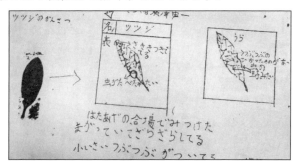

●●● 一言アドバイス ●●●

　全員経験の場で，自主学習のネタは，身の回りに目を向ければいくらでもあることを伝えます。同時に，全員が同じネタでいろいろなやり方を試みるので，どんな風なやり方があるかを，教師による言葉の説明がなくても，友達のやり方を見て学ぶことができます。

6 目標とする自主学習ノートイメージ

📓 自分の目標とする自主学習ノートを選ばせる

　自主学習システムを始めるとき，子どもたちに「自主学習ノートの目標イメージ」をもたせることがあります。こんな自主学習ノートづくりをしたいという，強い思いを抱かせるのです。

　目標がはっきりとしていると，そこに少しでも近づけるよう日々努力します。

　例えば，右のノートは4年生の自主学習ノートですが，3年生に見せました。敢えて，違う学年のノートを見せるようにしています。

　同じ学年よりも，少し上の学年に目を向けることで，気合いが一段と高まるからです。

　ちなみに，ノートは歴代の子のものや市販本の中から紹介しています。

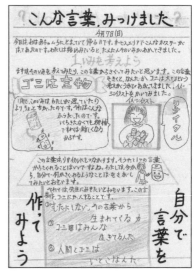

> **ポイント**
>
> 　自分の目標とする自主学習ノートを，いくつか提示されたコピーの中から選択させます。さらに，そのノートに近づくために，どんな工夫をするかを書かせます。目標に向けて努力している姿を，うんとほめるようにします。

自主学習ノートの構成イメージをもたせる

　自主学習ノートをスタートするとき、子どもたちが悩むのが1ページの使い方です。1ページをどんな風に構成したらいいのか、なかなかイメージできないらしいのです。

　例えば、右のコピーを見せると、子どもたちはびっくりします。

　「こんな風に、イラストを入れてもいいですね」

　1ページのイメージとして、授業中に書くようなノートにしなくてはいけないと、思うらしいのです。

　自主学習を始めるときには、言葉では、1ページを楽しく工夫してまとめていいことは、説明しています。

　それだけでは、何となくわかっただけです。実際に歴代の子のものを見せると、抱いていたイメージとずいぶん違うことがわかります。

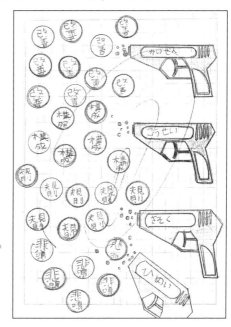

　できるだけたくさんの自学ノート例を見せることで、1ページの構成イメージをしっかりともつことができ、こんな風にまとめてもいいかなという挑戦する心も芽生えてきます。

●●● 一言アドバイス ●●●

　自主学習システムを始めるときには、できるだけたくさんの自学ノート例を見せています。そうすることで、こんな風にすればいい、こんな工夫をしてもいいという、言葉ではなかなか伝えることができない明確なイメージをもつことができるようになります。

7 自主学習をリズムにする場

📔 朝自学・帰り自学でリズムにする

　1学期は，自主学習を子どもたち全員のリズムにするために，毎日決まった時間に，少しだけ自主学習をする時間を設けています。

　例えば，朝学時間5分。例えば，帰る前に5分。短い時間でできる自主学習をさせています。

　学校によっては，朝学に何をするというのが，決まっているところもあります。

　そのための帰り自学タイムです。

　取り組ませる教材に，右のような「5分でできるプリント」を用意することが多いです。

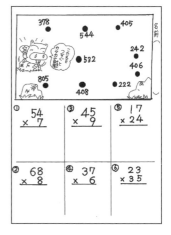

　どの子も，あっという間にできるからです。もちろん，スピードをほめます。

　さらに，丁寧にやっている姿をうんとほめます。ほめることで，自学をすることが，心地よいリズムになっていきます。

> **ポイント**
>
> 　自主学習をスタートしたら，自学をやることが全員のリズムになるための場を設けます。リズムにするには，体内時計に自学に取り組むタイムを刻ませるといいです。わずか5分の繰り返しで，自主学習がリズムになります。

ふっきゃん教室でリズムにする

　朝自学・帰り自学だけでなく，ふっきゃん教室で自主学習をリズムにする子もいます。

　ふっきゃん教室というのは，福山学び教室という意味です。かわいい言い方で，堅苦しくない雰囲気を出しています。

　放課後5分間だけ，自学をやりたい子は，残ってやっていい場なんです。もちろん，全員が残ることはないです。

　でも，結構な数の子が残ります。

　それは，右のような自学ノートを，わずか5分で半分以上完成してしまうからです。5分でも集中すると，あっという間に自学が進みます。

　その姿を，教師はうんとほめます。ほめてほめてほめまくります。

　ふっきゃん教室は，ほめられる場なんです。

　「この書き方いいねえ。字が上手い。計算，速いなあ。集中力，バツグン」などなど，徹底的にほめます。

　どの子も笑顔で，帰っていきます。いい気持ちで，家に帰って自主学習の続きをがんばります。こういう流れが，自主学習のいいリズムをつくります。

●●● 一言アドバイス ●●●

　朝自学・帰り自学・ふっきゃん教室などの場は，全員経験の原則の発展型です。全員，経験を積んでやり方に慣れてきた後のリズムをつくる場です。それも心地よいリズムです。リズムをつくる場は，時間が短くほめられる場だから，子どもたちは笑顔で取り組みます。

8 自主学習のメニューを紹介する

📖 自主学習メニューを全員に配る

　『自学のシステムづくり』『自学力を鍛える基本テーマ事例集』(岩下修著・明治図書刊) という本があります。
　この中に，自主学習のメニューが紹介されています。
　どんなテーマで，自主学習に取り組んだらいいかを子どもたちに配布するためのメニューです。下のようなものです。
　レストランに入ると，すぐにメニューを眺めるように，どんなものがあるかわかると，安心感が生まれます。
　安心感があると，自主学習への取り組みが，スムーズです。
　何しようかなあと考える，無駄な時間が少なくてすみます。メニューが豊富だと，自学も豊富になります。

```
自主学習メニュー
●必ず書くこと●
 1．日にち　2．始めた時間　3．今日のめあて
 4．メニューの名前　5．終わりの時間
●メニュー例●
(1) 漢字君練習　(2) 計算チャレンジ　(3) ローマ字君
(4) 日記　(5) 視写　(6) 新聞記事写し　(7) 百人一首覚え
(8) 有名な詩・俳句　(9) テストの復習　(10) 予習
(11) 読んだ本の感想　　　　　　　　　(以下略)
```

> **ポイント**
> 　今まで，自主学習に取り組んできた子どもたちの場合には，どんなことをやって来たかを聞いてメニューをつくります。初めての子どもたちには，これなら，質問を受けなくてもできるというものを，メニューに書き出します。

📱 メニュー例を見える化する

　レストランに行って、メニューを見ると言葉しか書いていない。どんな食べ物かわからない。そうなると、不安になりますよね。

　ただメニューを配るだけでは、どんな自主学習をやればいいかのイメージをもつことは簡単ではないです。

　そんなときにはまず、全員経験の場でメニュー名を説明しながら取り組ませます。メニューで紹介された自主学習が、しっかりと頭に残ります。

　他に、目標とする自主学習ノートを選ばせるときに、ノートに書かれているメニュー名に目を向けるように指示します。どんなことに取り組んでいる自学か、わかってきます。メニューの見える化です。

　さらに、メニューを配布したら、右のような自学コピーを、掲示黒板に貼っておきます。

　「漢字君練習」⇒これです。

　こんな風に、日頃から目に付くように掲示しておきます。掲示板に貼っておくと、何度もメニューと事例を見ることができるのがいいです。

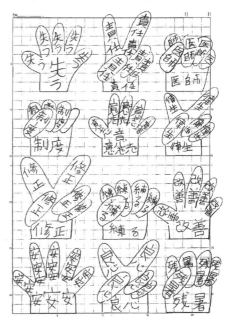

●●● 一言アドバイス ●●●

　自主学習を始めたときに、何をやったらいいか迷うという言葉を必ずと言っていいほど耳にします。そんなときは、メニューを配ります。ただ、メニューについてあまり細かく説明するのではなく、友達がやった自学ノートを見せることで、メニュー内容の理解を深めます。

9 自主学習のメニューを創り出す

オリジナル自主学習メニューを創り出す

　下の自主学習ノートの表紙には，【算数物語】と書かれています。
　この子どものオリジナル自主学習ネタです。国語の物語と算数の計算問題を合体させたものです。
　自主学習のメニューは，これならどの子も取り組めるだろうというものを，先述のように配っています。
　そこに，一言書いています。
　「自分が考えたメニューを増やしてください。どんな新しいメニューが生まれるか楽しみにしています」
　どんどんオリジナル自学メニューが創られる…そんな雰囲気になったとき，自主学習が子どもたちのリズムになったと言えます。

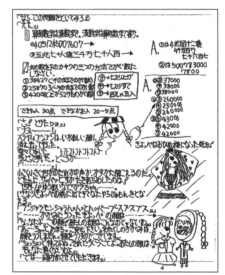

> **ポイント**
> 　教師が配った自学メニューは，あくまで一例だと説明しています。自学メニューは，レストランのようにどんどん増やしていくもの。新しい料理を増やすように，自学メニューも増えるといいねと話しています。

教師の言葉がヒントになる

　オリジナル自学メニューが生まれるきっかけとなるのが，教師の何気ない一言です。

　右下の自学ノートは，時折話をする「季節」「二十四節気」などの話を受けて生まれたものです。【季節を追究するノート】という名前が表紙に書かれています。

　ちなみに，この自学ノートは2月のものです。たった1～2回だけやるのではなく，1年間近く続けた自主学習ノートです。

　このノートのように，教師の何気ない一言や話がヒントとなって，新しい自学メニューが生まれることがよくあります。

・切手の秘密（1枚の珍しい切手を見せて話をしたことから生まれた）
・コマーシャル分析（面白いコマーシャルを紹介したことから生まれた）
・交通標語の追究（道路にある交通標語の話をきっかけに追究スタート）

などなど，授業の中で話をしたことや何気ない会話がヒントになって，新しい自学メニューは誕生します。

●●● 一言アドバイス ●●●

　1章でも書いたように「どんな所からも，どんな人からも，どんなモノやことからも，自主学習のテーマになるヒントがある」という心が，子どもたちの中に浸透し始めると，オリジナル自学メニューが次々と生まれ始めます。大切なのは，学びに対する子どもたちの心組みです。

10 知的学級掲示自学が自学力をアップする

📋 学級掲示物が自学力をアップする

　拙著『知的学級掲示自学のアイデア』（明治図書刊）には，学級の掲示物で自学力をアップするコツを紹介しています。

　例えば，下のプリントのようなものです。これは，「赤い（　　）」という問題です。（　　）の中に，どんな言葉を入れてもいいというものです。

　ただし，1人1個しか書けません。それも友達と同じ言葉を書いてはいけません。

　こうすると，34人のクラスのときには34個の考えが集まることになります。

　たった「赤い（　　）」という問題だけで，たくさんの考えが浮かぶことを体感できるのです。

　これをすぐに，新しい自学メニューにする子が出てきます。色シリーズで，言葉探しをするものです。「青い，黒い，茶色い」といくらでも，自学でやりたいことが出てきます。

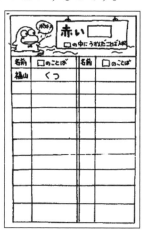

> **ポイント**
>
> 　ほぼ毎日貼り換える掲示コーナーがあります。そこには，自学力を高める掲示物を貼ります。この掲示物がヒントになって，新しい自学メニューが生まれることが多いです。みんなで自学を楽しむ場が，掲示自学です。

📓 全員が書けない知的掲示自学

　下のような「くっつき漢字」知的掲示自学があります。書くことができるのは，16名だけです。全員が書くことができない知的掲示自学もあります。

　ただし，連名は OK です。友達と一緒に考えたということで，何人かの名前は書いてもいいです。

　もちろん，中には「もっと答えがある！　もっと書きたい！」という子もいます。実はそれをねらっています。

　書くところがないという子がいたとき，全体に話をします。

　「もっと書きたいという掲示自学があったときには，ぜひ言いに来てください。この問題をコピーしたものをあげます」

　コピーを渡しながら，自学ノートにやって来てねという声かけもします。

　当然，全員がコピーを取りには来ません。

　ここは，全員の原則ではなく，やりたい子の自学力をアップすることをねらっています。

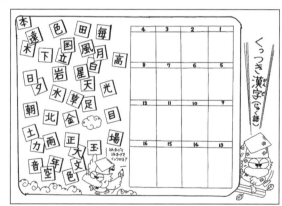

　自学ノートに，50個以上書く子が出てきます。その取り組みをうんとほめるのです。

●●● 一言アドバイス ●●●

　知的学級掲示自学を，新しい自学メニューが生まれるきっかけにしています。新しいことに挑戦することは，楽しいです。だから，自学がリズムになり，レベルアップします。さらに，もっとやりたいという気持ちを高めるきっかけにもなるように，仕掛けています。

11 宿題君・面白ワークが自学力をアップする

📖 宿題君が自学力をアップする

　自主学習システムを，少しずつ子どもたちのリズムにすること，同時に，少しずつ自学力をアップするのに一役買うのが，宿題君です。
　下のような宿題プリントを毎日出しています。すべて手作りです。
　なぜ，手作りにこだわるかというと，目の前の子どもたちの実態に合わせて，中身の構成を簡単に変えていくことができるからです。
　例えば，計算問題を6問にしていますが，レベルを上げると10問になることもあります。ヒントの中に，にせの答えを入れることもします。
　こういう仕掛けを自学に真似する子が出てきます。仕掛けだけでなく，宿題君の内容をそのまま自学メニューにする子もたくさん出てきます。

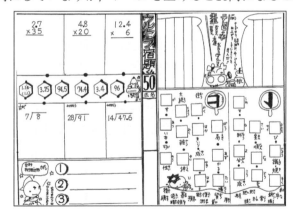

> ポイント
> 　知的掲示自学のときと同じように，宿題プリントの中に，子どもたちに自主学習でやってほしいなあというものを，敢えて入れます。一人でも真似してやる子がいたら，うんとほめて紹介します。

面白ワークが自学力をアップする

　宿題君と同じように，面白ワークも子どもたちの自学力をアップするのに一役買います。
　面白ワークは宿題君と違い，こんなのも学びになるというものをワークという形で提示しています。
　例えば，下の面白ワークは「缶から漢字」というものです。身の回りにある缶に書かれている「漢字」を探すというものです。ただ漢字練習をするのではなく，どんな漢字が書かれているかを楽しみながら探るのです。
　これも宿題君と同じように，新しい自学メニューにする子が出てきます。
　身の回りに，いろいろな缶があるからです。
　いくらでも，やり続けることができます。
　缶がなくなったら，それに代わるもので，追究できます。
　面白ワークは，子どもたちの自学する楽しみを，自然と増やしています。

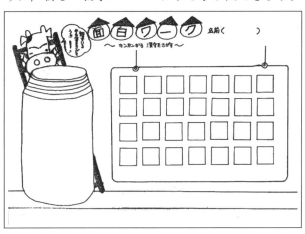

●●● 一言アドバイス ●●●
　毎日出す「宿題君」。時折出す「面白ワーク」。共に，自主学習でどんなことをやったらいいかのヒントとなります。もちろん，そのまま真似をしてもいいです。少し発展した形で取り組んでもいいです。宿題君や面白ワークを生かしたことを，うんとほめています。

12 自主学習にさらに楽しく取り組む①
集め自学で追究力アップ！

📓 誰もがはまる「集め自学」

　自主学習に取り組むことが苦手な子も，必ずはまってしまうメニューがあります。それは，集め自学です。

　例えば，下のノートは「牛乳のふた」を集めた自学です。

　家族だけでなく，親戚や友達にまで頼んで，全国各地の牛乳のふたを集め続ける自学に挑戦したのです。

　もちろん，牛乳のふたで終わりではないです。鍋のふたや缶詰のふた・ジャムのふたなど，牛乳のふたのように集めることができなくても，ふたに目を向け，ふた調べという新しい自学メニューへとつなげていきました。

　集め自学がきっかけとなって，追究するネタを見つけ，調べ続ける自学力をアップしたのです。

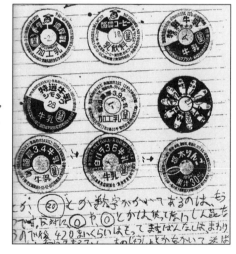

ポイント

　集め自学で大切なのは，牛乳のふたのように，ある程度努力をすれば集められるものにすることです。バーコード，テレホンカード，いろいろなマーク集めなどがきっかけとなって，追究する自学力がアップします。

追究力を鍛える「集め自学」

　集め自学を始めると，まずは集めることにはまります。こんなものを集めましたと自学ノートに書いてきます。
　そのノートを返すときに，必ず一言付け加えています。
　例えば，いろいろな食事モノを集めていた子がいます。爪楊枝・割り箸・手拭き・箸置きなどです。
　その子には「爪楊枝の秘密を探ってみてください。どうして，先が尖っているの。爪楊枝っていつからあるの。外国にもあるのかな」などの言葉を書いて返します。
　もちろん，この言葉を書いたからといって，すぐに追究が始まるわけではないです。
　何回か書いているうちに，調べてみようと思う言葉に出会った子は，追究が始まります。
　右の自学のように，秘密探りにはまるのです。

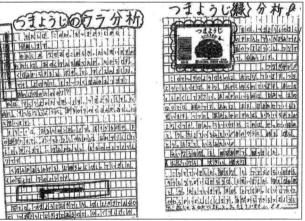

●●● 一言アドバイス ●●●
　集め自学をやり続けている子には，毎回「質問」を書いてノートを返すようにしています。もちろん，すぐに答えを書いて来るとは思っていません。でも，その質問を続けることで，質問を気にしながら集め自学を続けるので，ふっと追究をスタートする子が出てきます。

13 自主学習にさらに楽しく取り組む②
観察自学で追究力アップ！

📖 細かく見る目を鍛える「観察自学」

　集め自学と同じように，子どもたちがすぐにはまってしまうのが「観察自学」です。全員経験の原則の所で紹介した「葉っぱ観察自学」(p.31)は，その一つです。

　観察自学のスタートは，よく見て描くことです。イラストを描くことが好きな子には，たまらなく楽しい自学です。

　細かく描けば描くほど，すごいとみんなから声をかけられます。

　さらに，発見したことを，右のように文章にして書き残す追究力も磨かれ，ここでもうんとほめられます。

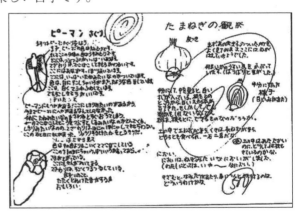

> **ポイント**
> 　観察するものは，身の回りにいくらでもあります。日頃，何気なく見ていたものを細かく見て，発見したことを文章にして書き残す。その姿をうんとほめ，もう少しここを調べてみてと声かけするだけで，追究力が磨かれます。

📓 モノを比べて追究する力を育てる「観察自学」

　観察自学のいいところは、モノとモノを比べながら追究ができるところです。一つのモノだけをじっくり見るのもいいですが、いろいろなモノを比べて、発見したことを書いてまとめる。これが楽しいという子が多いです。

　例えば、下のノートは「ガムテープ」を比べています。同じ糸入りガムテープでも違いがあることを書いています。

　この子は「比べっこ観察自学」というノートを1冊つくり、毎日、何か比べるモノはないかと、身の回りに目を向けていました。

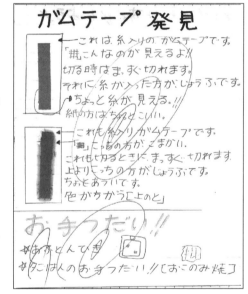

　こうなると、自学ネタはいくらでも見つかります。

　追究することが楽しくて仕方ないとまで言うようになります。

　石・木・花・ノートの紙・鉛筆など、どんどん比べっこ観察をして、発見を書き続けました。

　当然、作文力もアップしていったのは言うまでもないです。

　ちなみに、比べっこ観察自学をする子どもたちは、家族や友達からネタを手に入れようと常に努力するので、よくほめられます。

> ●●● 一言アドバイス ●●●
> 　観察自学では、観察の仕方に差が出てきます。どこを、どれだけ細かく観察することができているか。どんな書き方で、発見したことをわかりやすく伝えているかなど、差があるから、さらにレベルアップすることを目指して、追究をがんばろうという気になります。

14 心・体の自学に力を入れる

自主学習をさらに楽しく取り組む③

📱 お手伝い自学

　右の自学ノートを見てください。ある女の子が書いた，3月2日の「お手伝い自学」です。

　この女の子は，5月から毎日「お手伝い自学」を書き続けました。そのきっかけが，たまたま書いた作文にお手伝いのことを書いたことです。

　「これは，すごい。お手伝いは心の学びです。頭だけでなく，心も鍛える人は，素晴らしいです。ぜひ，続けてくださいね」

　自学メニューを紹介したときに，頭の学び・心の学び・体の学びと三つの自学を紹介しているもののどうしても頭の学びが中心になります。

　こういう自学が出たときが，さらに自学を楽しませるいい機会です。

> **ポイント**
>
> 　「こんなお手伝いをしました」「今日は，縄跳びをしました」などの心の学び・体の学びが出たときがチャンス。頭だけでなく，心や体を鍛える自学もうんとほめ，三つの学びのバランスの話をするようにしています。

いろいろなバリエーションがある心と体の学び

下の自学ノートを見てください。ある子は「心の光」と自分で名前をつけて、心が光るように人のためになることをする、と決めて取り組んでいるのです。まどしめ・トイレの電気けし・トイレのまどしめ……すべて学校でやったことです。学校で人の役に立つことをやって、自学に書いて残すと決めたのです。

もう一つのノートは、「今日のいい人日記」です。学校で見つけた自分の心に留まった人を書いて残すと決め、書き続けたのです。頭の学びと同じように、心と体の学びにも、いろいろなバリエーションがあります。

自分で自学メニューを創り出すことができます。

自分で新しいメニューを生み出すことができるのが、自学を楽しむことにつながります。

もちろん、人の真似をすることも素晴らしいことだと勧めています。

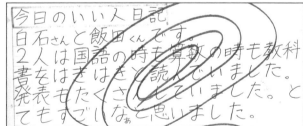

●●● 一言アドバイス ●●●

頭の学びだけでなく、心や体の学びにも取り組み始めると、自学の楽しみが広がります。1時間目、2時間目、,, と学習が変わっていくように、同じ自学でも別のメニューに取り組むと、気持ちが変わります。ちょっとした息抜きや頭の切り替えになるので、うんと勧めています。

15 自主学習のやる気を継続させる評価①

📱 時短評価「ここがいい！」

　自主学習のやる気を継続させるためには，当然，評価が必要です。
　もちろん，たくさんのコメントを書くことができればいいのですが，なかなか時間の確保が大変です。そんなときは，時短評価を使います。
　下の自学には，次のような言葉を，線を引いたところに書いています。
　「いいなあ，よう分かっとる。ここがキーワード」
　やっているメニューの「ここがいい」というところに線を引き，軽く言葉を添えています。
　これだけでも，ちゃんと読んでいるよ，いいところを見つけているよという教師の思いを伝えることができます。
　時間がないときでも，必ず読んでいるという事実を伝えることで，自学に対するやる気が継続します。

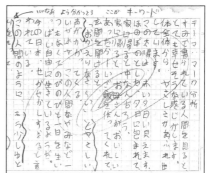

> **ポイント**
> 　時間があるときは，しっかりと読んでたっぷりとコメントを書きます。時間がないときでも，そのまま返すことだけはせず，ここがいいというところに線を引き，軽く一言添えます。それだけでも，次の自学へのやる気になります。

時短評価「何がいいのかを伝える」

　少しでも時間が取れたら，ここがいいと書くだけでなく，何がいいのかを伝えます。

　下のノートでは，「テーマがいい」「線・色がすばらしい！」「字もていねい！」と書いています。

　調べているテーマ，書いている字の丁寧さ，線や色の使い方，書いている内容のわかりやすさ，調べたことのまとめ方などをほめます。写真のように，「矢印」を書いて，一言添えています。

　次の日も，ほめたことが続いた場合には「テーマがいいのが，続いているのがすごい！」「字がいつものようにていねい！　さすが！」というように，ほめ続けます。

　同じことをほめ続けることも大切にしています。

　それが「当たり前・自然体」になると，文句なしと子どもたちに話をしているからです。

　時間がなくても，いいところをしっかりとほめ続ける。

　それが，子どもたちの自学へのやる気を高めます。

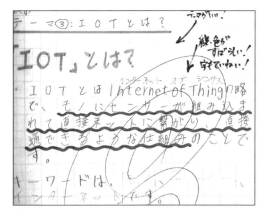

●●● 一言アドバイス ●●●

　自主学習へのやる気を継続させる，高めるコメントを書きたい。けれど，書く時間がない。そんなときでも，しっかりと時間を短縮してほめ続けます。どこがいいのか，何がいいのかをしっかりと認め，がんばっている姿をほめ続けることで，自然とやる気は高まります。

16 自主学習のやる気を継続させる評価②

📓 時短評価「ポイントで評価する」

　右のノートを見てください。「80」と書いてあるのが見えますか。実はこれ「ポイント評価」と呼んでいるものです。

　言葉を書く時間がないときには，ポイントを書いて，レベルの高さを伝えています。字が丁寧で，定規や色を使っている。ノートの書き方を工夫している。

　書いている内容も面白い。そんな自学のポイントは「50」と言っています。

　もちろん，この50を100にしても200にしても構いません。50取れれば「いい自学」

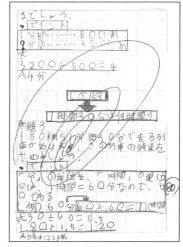

です。それ以上になると，ひと工夫ある自学だということになります。

　80だと，30も高いレベルです。どこがいいかは，ノートを返すときに，言葉で伝えるようにしています。

ポイント

　簡単なコメントを書く時間すらないときがあります。そんなときは，ポイントで評価することをお勧めします。まず，いい自学の数値を伝えておきます。それ以上が「よりいい自学」だと，暗に伝えることになります。

見える言葉　語る言葉

　時間があるときには、たっぷりとコメントを書きます。何行にも渡って、がんばっている姿をほめます。これは、一人ひとりの目にしっかりと「見える言葉」です。
　たっぷり書いたコメントは、子どもたちの自学へのやる気を高めます。敢えて言うと、高まるように書いています。
　ときには下の写真のような言葉で、全員に「見える言葉」を伝えることがあります。「微差が大差になる」という題名を付け、三行の言葉を書いて掲示板に貼っておいたのです。
　この言葉をもとに、全員に「自学は、塵も積もれば山となります。続けることが大切です」という話を語ります。
　語った後は、自学ノートを返すときに、一人ひとりに「この自学は、塵も積もって山になっているね。すごいです」とそっと伝えます。
　この語る言葉も、子どもたちの自学のやる気を高めます。
　自学の評価は、文章や数値だけで伝えるのではなく、同時に「見える言葉や語る言葉」で伝えることを大切にしています。
　がんばって取り組んでいる姿を、いろいろな形でほめ続けることがやる気を継続する・高めることへつながっていくと思います。

> ● 毎日の「がんばり」が
> ● 積もり積もっていくと、
> ● 大きな差となります！

●●● 一言アドバイス ●●●

　自主学習のやる気を継続させるためには、評価は欠かせません。時間がないからと、評価せずに返しては絶対にダメです。時短評価でもいいです。たっぷりコメントでもいいです。子どもたちをほめ続けることが、やる気の炎を燃やし続けると思うのです。

17 自主学習のやる気を継続させる自学紹介術①

📖 友達の自学から刺激を受ける場

　下の写真は，友達の自学ノートを後ろの棚に並べている所です。
　自由に，友達の自学ノートを見ていいことになっています。日頃，友達の自学ノートを見る機会はほとんどありません。
　仲のいい友達の自学ノートを見ることはあっても，クラス全員の自学ノートをゆっくりと見るチャンスはそうないです。
　下のように，時折，友達の自学から刺激を受ける場を設けます。
　こんな風にやるといいのかあ，こんなことも自学メニューになるんだというのを学びます。もちろん，この場で学んだことを，すぐに自学に書いてくる子も出てきます。こういう場が，自学に取り組むやる気を高めます。

> **ポイント**
>
> 　友達がどんな自主学習に取り組んでいるか，子どもたちは意外と気にしています。ところが，なかなか全員の自学ノートを見るチャンスはありません。そういう場をつくってあげることで，自学継続のやる気が高まります。

学級通信で紹介する

　友達の自学ノート全部を並べることは、そう毎日できることではないです。

　日頃は、下のプリントのように「自学ノート」紹介コーナーを学級通信に設けています。

　もちろん、全員の自学を毎日載せることはできません。何人かの自学を紹介できる程度です。でも、子どもたちは、新しい自学メニューを生み出すヒントを得ることができるらしいのです。

　例えば、右のプリントでは「クイズ社会へん！」と書いてあります。この自学から刺激を受けて、「クイズ理科へん」などを生み出した子がいます。

　クイズという視点を得たのです。

　何が子どもたちの心に、ヒットするかわかりません。

　とにかく、毎日、自学コピーを学級通信で紹介します。最終的に、全員の自学コピーを載せています。

　学級通信に載った友達の自学に刺激を受けてやる気を高め、自分が載ることでさらにがんばる気持ちが高まるようです。

　ちなみに、右の学級通信は、1年間で500号発行した年のものです。

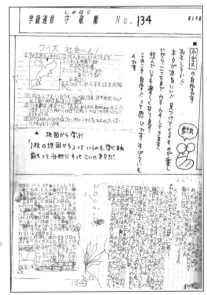

●●● 一言アドバイス ●●●

　自主学習のやる気を継続させるのは、評価だけではなく、日々の紹介による力も大きいです。直接、全員の自学ノートを手に取ることができる場でも、学級通信に載ったものを何度も見ることができる場でも、子どもたちはたくさんの刺激を受け、やる気を高めていきます。

18 自主学習のやる気を継続させる自学紹介術②

全員の成長を紹介する「ザ・チャイルド」

拙著『一人ひとりを見つめる子ども研究法の開発』(明治図書刊) に，ザ・チャイルドという実践を紹介しています。下のようなものです。

クラス全員の名前の下に，がんばっている事実を2～3行程度紹介するものです。学級通信の中に，載せています。

これを，毎日続けた年もあります。これを，1週間に一度書いていた年もあります。

自学のコピー紹介と違い，全員のがんばりを確実に言葉にすることができます。

これだと，自分のがんばりが認められている事実と，友達がどんなことにがんばっているのかを知ることもできます。

この二つが刺激となって，自主学習のやる気が高まっていきます。

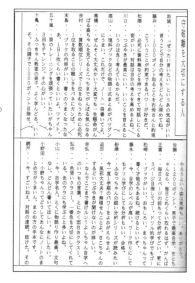

ポイント

自主学習に，がんばって取り組んでいる姿を認めてもらえる。それも，学級通信の中に，言葉で書かれる。友達もそれを読む。それがどの子もうれしいと言います。うれしいからがんばる。やる気が自然と高まります。

いいモノマネコーナーに掲示する

　教室の掲示板に,「いいモノマネ」コーナーを作っています。これは,どこの教室でもよくやっていることだと思います。
　ただ,コーナーには,次のような工夫をしています。

1 「ここがいい」というポイントを書く
　下のような自学コピーを貼るだけでなく,どこがいいかを「矢印」を付けて,簡単な言葉を書いています。
　「テーマのつけ方がいい」「色の使い方がいい」「イラストの描き方がいい」など,自学コピーを見た子どもたちが真似をしやすいようにしています。

2 「どこがいいか」を探らせる
　知的学級掲示自学にすることがあります。「ここがいい」というポイントを書かずに,子どもたちに,どこがいいかを探らせます。
　子どもたちに書かせることで,子どもたちが,どこがいいと感じているかを知ることができます。
　もちろん,書き込みをした子どもたちをほめることもできます。「よく見つけたね。真似してみてね」と。

●●● 一言アドバイス ●●●
　子どもたちの自学に対するやる気を高め,継続させるためには,日々の教師の心配りが必要です。全員のがんばっている事実をほめ続ける。まだまだ,自学のやり方を工夫できると知らせ続ける。1年間,教師自身がこの思いをもち続けることが欠かせないと思っています。

19 自主学習のやる気を継続させる教師自学紹介術

📄 率先垂範の教師自学

　自主学習を1年間，子どもたちにがんばって取り組ませるためには，教師自身も自学に取り組むことが大切だと思っています。
　これを「教師自学」と呼んでいます。
　率先垂範という言葉があるように，教師自身が手本になることが欠かせないと「教師自学」に取り組んでいます。
　例えば，手作り宿題君を毎日つくり続ける。学級通信で，ザ・チャイルドを続けるなど，やり続けている事実を子どもたちに見せます。
　教師のやり続けている事実が，子どもたちのやる気を自然と高めます。

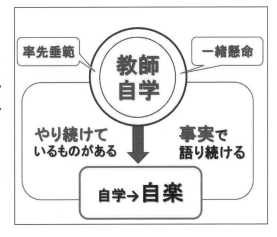

> **ポイント**
> 　教師ががんばり続けている事実は，子どもたちの心を動かします。自学をがんばりなさいと言うことも大切ですが，教師自身も自学に取り組み続けている事実で語る，これが子どもたちの自学に対するやる気を継続させます。

一緒懸命にやり続ける

「一生懸命」ではなく「一緒懸命」です。

子どもたちと一緒になって,自主学習に取り組み続ける。教師も自学をがんばっている。この事実が,子どもたちの心を動かします。

例えば,次のような場で,教師自学を見せています。

1　図書室で,全員経験の場を仕組んだとき,教師自学の事実を示す

図書室にある本を,自学ノートに視写するという全員経験の場を設けたことがあります。

このとき,子どもたちがどんな風に取り組むかを見て回るだけでなく,教師自身も自学ノートに視写する姿を見せます。もちろん,友達の自学ノートを自由に見て歩く時間に,教師が書いたものも見ていいことになっています。

教師も自学をする。工夫した自学ノートを見せる。それが,子どもたちのやる気を高めます。

2　知的掲示自学に,教師の考えも書く

知的掲示自学には必ず,教師の考えも書きます。もちろん,一番初めからは書きません。子どもたちの考えがある程度出たときに,違う視点で書きます。

それが,子どもたちにとって,新しい発見にもなります。

3　教師自身が家で続けているものを見せる

例えば,私は日記を30数年続けています。中身は見せないけれど,その現物を見せます。教師自学を続けている事実を示します。

いろいろな場で,教師も自学をやっていることを見える化しています。

●●● 一言アドバイス ●●●

教師も自学をやっている。教師も自学を楽しんでいる。やり続けると「自学が自楽に変わる」と言っています。楽しんで学び続けると,自学をやるのが当たり前になり,もっとがんばろうと思うようになる。そうなると,自楽レベルですと子どもたちに語っています。

20 自主学習をレベルアップさせる競争・共創と共育

競争と共創の場

　自主学習をレベルアップさせるためには，競争の場は必要です。
　例えば，先述の「ポイント評価」で競争させることがあります。ポイントを貯めていく競争です。1位・2位……というのを争う競争にすることもありますが，主に，1000ポイントに2週間で到達するかというような競争です。2週間で，全員が到達できるか。こういう競争の場を設けると，少しでも工夫して「高いポイント」をゲットしようと努力します。もちろん，1000ポイントに到達した子には，証明書をあげます。
　ところで，ここで大切なのは，あまり長い期間にしないことです。
　2週間程度だと，子どもたちのやる気がぐんぐん上がっていくのを感じます。もし，2週間で「全員」がクリアできたら，もう一歩上のレベルに挑戦するかを確認します。例えば2週間で2000ポイント。こうなると，全員というのはなかなか難しいです。こんなときは，みんなの力を結集する「共創の場」にします。共に励まし合い，高め合い，高いポイントが取れるように，アドバイスし合うようになるのです。どんどん自学のレベルが上がります。

> **ポイント**
> 　自主学習のレベルアップを図るには，競争・共創の場が欠かせません。目の前の子どもたちの実態を把握して，1位・2位タイプの競争，指定ポイントに達成競争などの場を用意することで，自学への取り組みが変わります。

共育の声でほめの連続

　自主学習をレベルアップするためには，保護者の力が必要です。

　学校では，教師がいろいろな評価を通してレベルを上げていくことができます。

　家に帰ってからは，保護者のみなさんに自学をする子どもたちへ，いろいろな言葉かけを通して，自学レベルを上げる力になってほしいのです。

　そのために取り組んでいるのが，拙著『一人ひとりを見つめる子ども研究法の開発』（明治図書刊）に紹介している「共育カード」です。

　子どもたちが，家でがんばっている事実を教師に知らせてほしいというカードで，右下のようなものです。毎日，数枚のカードが届きます。このカードをいただくことで，家でのがんばりの様子を見える化してもらえます。

　ほめるタネをたくさんもらうことになると言ってもいいです。

　家族にほめられ，それをきっかけに，教師からもほめられる。

　ほめの連続が，自学レベルをアップさせるパワーになるのは言うまでもないです。

●●● 一言アドバイス ●●●

　競争・共創と共育の場。自主学習をレベルアップさせるためには，常に，この三つの言葉を意識した場を仕掛けていくことが，欠かせません。仕掛けた場を通して，今まで以上に子どもたちをほめるタネが手に入るからです。競争・共創・共育は，多くのほめを生み出します。

3章 自主学習ノートの発展（2学期）

1 夏休みの自主学習

📓 最高3冊の自主学習ノート

　夏休みにも，自主学習の継続をします。1学期にできた自学リズムを継続させることが大切です。

　夏休み前に，自学ノートを1冊用意させます。大学ノートがいいです。そのノートの表紙に，下の写真のような表紙を貼ります。

　1日最低1ページを目標に，自学を継続します。内容は，1学期にやったことを続けます。毎日の評価はないですが，登校日に持って来させ，進み具合のチェックをし，声かけをします。夏休み明けには，1ページごとにハンコを押し，ノートの一番後ろに言葉を書いています。

　ちなみに，全員の自学リズムがいい年は，3冊の自学に取り組ませたことがあります。

　ドリル型・分析型・集め型と3種類の自学に挑戦させたのです。

> **ポイント**
> 　夏休みの自主学習で，1学期の自学リズムを継続させることをねらう必要があります。1日最低1ページのリズムを維持します。夏休み1週間前から，夏休みにも今やっていることを続けることをしっかりと説明します。

📓 リフレイン宿題君・面白ワーク冊子

　1学期の自学リズムを継続させるために，1学期に取り組ませていた宿題君や面白ワークを冊子にしたものを配ります。

　宿題君は，1学期にやったものを印刷します。一度やったことがあるものなので，取り組むことに抵抗が少ないです。普通は10枚程度印刷します。1日1枚取り組めるように用意した年もあります。子どもたちの実態に合わせて枚数を変えるようにしています。

　面白ワークは，新しいネタのものを印刷します。夏休みに取り組む自主学習のヒントになるようなものを用意します。どんな面白ワークにしたらいいか迷ったときには，拙著『国語授業が100倍盛り上がる！　面白ワーク&アイテム大事典』（明治図書刊）などを参考にしてください。

　面白ワークも宿題君と同じように，子どもたちの実態に合わせて，印刷する枚数を変えています。

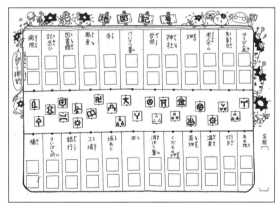

　大切なのは，夏休みにも，自学リズムを崩させないことです。

　1学期に培った自学リズムを崩してしまうと，2学期すぐに，自学がスタートできなくなってしまいます。

●●● 一言アドバイス ●●●

　夏休みは，どうしても一人学びのリズムが崩れてしまいがちです。そこで，1学期に取り組んでいたものを，そのまま継続する形の課題を出します。どんな風にやればいいかの説明も，簡単にできます。子どもたちも，どのようにやればほめられるかよくわかっています。

2 2学期の自主学習は「深化」

📖 キーワードは「自学の深化」

　1学期のキーワードは「自学のリズム化」でした。子どもたち全員が，リズムよく自主学習に取り組めるように仕掛けていきました。そのリズムを保つために，夏休みにも自学ノートや宿題君などの課題を出しました。

　2学期は，そのリズムを生かし「自学の深化」を図ります。深化のために，次のようなことを強く意識しています。

1　モチベーションを高める

　自主学習がリズムになっても，気は抜きません。それは「自学慣れ」が，もう一歩前の心を失わせることがあるからです。「慣れ」よりも「熟れ」を目指すように，モチベーションを高める仕掛けを試みます。

2　変化のある繰り返しで深化させる

　1学期に取り組んできたことを，大きく変えることはしません。今までやってきたことに，少しの変化をつけるだけです。少し変えるだけでも，今までよりも自学レベルが上がることを実感させます。実感を通して，自学が深化するとはどういうことかを伝えていきます。

ポイント

　「自学の深化」と黒板に書きます。自学が深くなる。それは，深く掘り下げることだと話します。井戸を深く掘って，水を見つけるたとえ話をします。自学がリズムになった今，さらに上を目指す2学期にすることを伝えます。

モチベーションを高める心理学効果で深化

　子どもたちに自主学習のリズム化・深化を図るために，常に心理学効果を意識しています。特に2学期は，「慣れではなく熟れ」にもっていくために1学期以上に心理学効果を意識して，仕掛けの場を用意しています。

　特に，下の表のような効果を頭に入れています。

頭に意識している　心理学効果

●ラダー効果　●カラーバス効果　●サンクス効果　●口コミ効果
●スポットライト効果　●オプション効果　●マイルストーン効果
●ピグマリオン効果　●リハーサル効果　●希少価値効果　●ハロー効果　など

　もちろん，心理学効果を意識し，仕掛けを仕組んだからといって，すぐに効果が出るものではないです。30年以上自学に取り組んできて，効果はじわじわと出てくるのを感じています。

　どのように仕掛け，効果を待ったかは，後述の取り組みで紹介したいと思います。

　ところで，心理学効果を意識し，自学の深化を図る上で気をつけておかなくてはいけないことがあります。それは，個への働きかけと集団への働きかけのバランスです。

　個に強く働きかけた方がいい仕掛けと，集団にさり気なく働きかけた方がいいものがあります。このバランスは，目の前の子どもたちの実態によって変わるので，2学期も，自学同様「子ども理解」に力を注ぐ必要があります。

●●●　一言アドバイス　●●●

　2学期の自主学習は，慣れではなく熟れを目指します。自学の深化です。深化させるために，まずは夏休み明けの子ども理解。そして，心理学効果を意識して，子どもたちの自学に対するモチベーションを高めたり，変化のある繰り返しの場を仕掛けたりしています。

3 分析自学

深化する自主学習への取り組み①

📖 分析自学には，ラダー効果

2学期には，分析自学が増えます。

右のノートのように，一つのことを細かく探る自学です。

ここに，心理学効果の「ラダー効果」を活用しています。

ラダー効果とは，今やっていることの意味や意義を知ることで，取り組みの姿勢が大きく変わるというものです。

ただ，自学をやり続ければいいと思っているのではなく，分析自学のようなこだわりをもったものに取り組むことで，観察力・作文力・思考力など

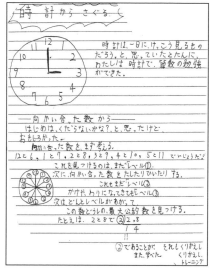

他の学びに生きる力がついていくことを子どもたちは知っているのです。

だから2学期には，1学期以上に手間はかかるものの，分析自学を通して自学の深化を図る子どもたちが増えていきます。

> **ポイント**
>
> ラダー効果という言葉は説明しませんが，ラダー効果の説明でよく使われる「石積みの仕事」の話を子どもたちにします。やることの意味や意義を知って取り組む人は，学びが深化することを話しています。

分析自学には，希少価値効果

　右の自学は，偉人の言葉を分析し続けている自学です。

　「今日は，次の言葉を分析します」と書いているように，偉人の言葉分析を毎日続けたのです。

　ここに，心理学効果の「希少価値効果（オンリーワン効果）」を活用しています。

　希少価値効果というのは，他者にはない点は価値が高くなるというものです。先の偉人の言葉分析は，この子だけが取り組んだ分析自学です。

　「すごい！　このテーマは初めて見ました。偉人の言葉一つ一つを探っていくと，いろいろな発見がありますね。素晴らしいので，ぜひ続けてください」というような，言葉を書きました。

　さらに，他の子どもたちにも紹介します。学級通信にも載せます。自学コピーを掲示板にも貼ります。

　もちろん，この分析自学を深化させるためのアドバイスはします。こういう希少価値の高い分析自学に取り組む子には，アドバイスがすーっと入っていくのがわかります。常に，高いレベルを求め続けているからです。

●●● 一言アドバイス ●●●

　子どもたちには，ベストワンとオンリーワンという言葉を説明しています。最高の人を目指すことも大切ですが，人がやっていないことに挑戦するオンリーワンも素晴らしいと言っています。二つの道を示すことで，自学の取り組みが変わり，自学の深化が図られます。

4 分析自学ワーク
深化する自主学習への取り組み②

分析自学ワークにオプション効果

2学期になると，右のような分析ワークをよく活用します。

一見難しそうですが，ここに心理学効果のオプション効果を活用しています。

オプション効果というのは，自分で選ぶことができるということで，モチベーションが上がるというものです。

右のワークでいえば，15個の質問すべてに答えるのではなく，この中から自分ができそうなものを選択し，追究するようになっています。

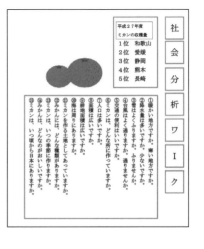

選択するためには，15個の質問を読みます。読むことで，自分自身が質問を考えるときのヒントを同時に得ることができます。自学を深化させていくヒントにもなるのです。

> **ポイント**
>
> 1学期から取り組んでいる面白ワークもレベルを上げていきます。分析的なものが増えます。ただし，そこにオプション効果を取り入れて，できるものに挑戦させる仕組みにしています。それが自学を深化させていきます。

分析自学ワークにナレッジ効果

　下の分析ワークは，深尾須磨子さんの詩「たこ」を分析するものです。もちろん，オプション効果を活用しているので，すべてを解く必要はないです。

　ただ，先の社会分析ワークと違って，一つ一つの質問に分析用語を書き込んでいます。イメージ・たとえ言葉・かくしバック・対比・お助け言葉・主役脇役・話者・題は0行・視点などいろいろです。

　このワークには，ナレッジ効果を活用しています。

　これらの分析用語は，このワークだけでなく，他のワークでも生かすことができるものです。やったこと，学んだ知識が他にも生きる，それがわかるとモチベーションが高まります。

　自分が詩をさぐるときにも，これらの分析用語をすぐに使う子どもたちが出てきます。

　学んだことがしっかりと生きると，自学は今まで以上に深化していきます。

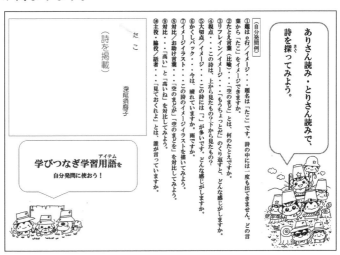

●●● 一言アドバイス ●●●

　ナレッジ効果は，今学んでいることが，どんどん他のことにも活用・転化できる効果のことです。2学期には，自学もリズムになっているので，こういう活用・転化できる知識を分析ワークという形で，子どもたちに提示する場を増やしています。

5 深化する自主学習への取り組み③
深化する宿題君

📔 日々の宿題君も深化する

　自作の宿題君というプリントを，毎日発行していることは2章で紹介しました。この宿題君も，2学期には深化します。
　下のプリントのように，漢字・計算という今までと大きく変わらない問題と発見作文テスト・アイデアコーナーのように新しく付け加わった問題という構成になっています。
　宿題君を四つ切りにして，2ヶ所を思考力・発見力・追究力などを鍛える問題にしたのです。
　子どもたちには，ホップ・ステップ・ジャンプという言葉で説明しています。
　宿題君もレベルアップすることで，自学メニューのヒントになることが増え，自学が今まで以上に深化すると話しています。

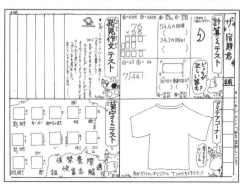

> **ポイント**
> 　1学期同様，宿題君の問題が自学メニューを生み出すヒントになっています。特に，分析的に問題を増やすことで，自学ノートに分析的なメニューを取り入れる子どもが増えます。宿題君で，しっかりと慣れさせているのです。

深化した宿題君にコントロール効果

人には，なかなか「変えられないもの」と「変えられるもの」があります。

なかなか変えられないことに全力を注ぐよりも，変えられることに挑戦する方が，効果が大きくなるのは言うまでもないです。

2学期の宿題君には，「自学を深化」させることを「変えられるもの」にする仕掛けを打ち続けます。

日々変わる，ステップアップした分析的な問題。下のプリントでは，「絵を作ろう」「この絵を説明しよう」が分析的な問題です。

この日は，「絵」をもとに分析的な問題を仕掛けています。絵が好きな子にはまる問題です。こういう問題で自学を深化させることができることを，宿題君を通して体感します。

1学期とは違う宿題君ですが，これは自分にとって「変えられるもの」だと思えるように仕掛け続けています。

コントロール効果を活用して，子どもたちの意識が自学の深化に向くように，日々工夫しているのです。

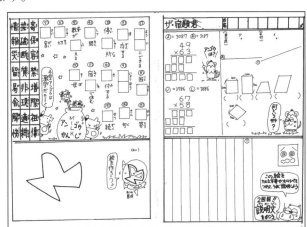

●●● 一言アドバイス ●●●

2学期に「自学の深化」を図るためには，こんな自学のやり方があるよ，と子どもたちの学びの目線を変える宿題プリントやワークを仕掛けます。この目線を変えることがコントロール効果です。自学を深化させる布石・伏線といってもいいです。

6 深化する自主学習への取り組み④
はてな・発見通信誕生

📱 はてな・発見通信に応える自学

　2学期になると，学級通信以外に「はてな・発見通信」というものを不定期に発行することがあります。例えば，下（左）のプリントは，子どもの自学をきっかけに「ザリガニ・ダンゴムシ・くわがた」などの脚の数・脚のつき方などは，どうなっているかを投げかけた通信です。

　はてな・発見通信もまた，教師自学の深化版です。下（右）のノートのようにこの通信に応える自学に挑戦する子が出てきます。

　一つ一つのはてなに，自分の考えや調べたことを書いてくるというものです。新しい挑戦の形です。これもまた，自学の深化です。

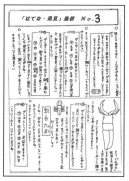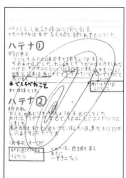

> **ポイント**
>
> 　教師自学の一つ「はてな・発見通信」を発行すると，それに応える子が多く出てきます。教師のはてなと対決するという気持ちで，自学を深化させます。さらに，子ども版「はてな・発見通信」を書いてくる子も生み出します。

はてな・発見通信にカラーバス効果

右の「はてな・発見通信」は、ある子の自学ノートに、消防車分析があったことがきっかけで生まれたものです。

消火栓の標識の色や形などのはてなです。

日頃、何気なく見ていることに目を向けさせるという仕掛けです。

ここに、カラーバス効果を活用しています。カラーバス効果というのは、直訳するとcolorは「色」bathは「浴びる」ということです。

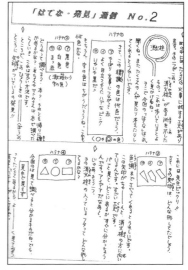

色を浴びるというのは、意識している事柄に関して、自然とそれに関する情報が集まってくるということです。気になったことに目が向くようになると言ってもいいです。

この場合は、授業の時間に「消火栓」の話をしなくても、はてな・発見通信を通して自然と、消火栓に目を向ける子が次々と出てくるのです。

さらに、カラーバス効果と連動して、口コミ効果というのもあります。

子どもたち同士で、情報交換をするようになるのです。「あそこに消火栓があったよ。こんな形をしていた」などという言葉が飛び交います。こういう学びの場が、自学を深化させていきます。

●●● 一言アドバイス ●●●

はてな・発見通信を発行すると、今まで何気なく見ていたことに目を向ける子どもが増えます。そこに新しい発見をし、自学に新メニューとして書き込む子が増えます。自学が深化するのです。はてな・発見通信は、自学を深化させる導火線と呼んでいます。

7 深化する自主学習への取り組み⑤
モノ作り・コレクター自学

📖 モノ作り自学は手間をかける発想

　自主学習は，ノートにやるだけではないです。下の写真のように，モノ作りも自学になります。これは，段ボールで山口県の農産物・海産物・山の様子を表現したモノです。

　製作時間３日のモノ自学です。「手間」がかかります。「手間」とは，手を使った時間です。手を使った作業には，心の集中が必要です。３日間，心を込めて作った自学を，うんとほめます。他の子どもたちにも紹介します。

　これもまた，自学の深化だと説明しています。もちろん，毎日はできませんが，時折，こんなモノ自学にも挑戦するゆとりが欲しいねと言っています。

　中には，家族と一緒にモノ自学に挑戦する子もいます。

　それもまた，素敵な自学です。

> **ポイント**
> 　モノ作りが得意という子にとって，モノ自学は最高に楽しい場となります。さらに，ただモノを作るだけでなく，作った過程を写真に収めたり，作り方を説明する文を書いたりと，自学を深化させる素敵な場となります。

コレクター自学はコミュニケーション自学

　コレクター自学というのがあります。集め自学の発展型です。

1　まずは，しっかり数を集める

　例えば，右下のようなバスカード・テレホンカードをコレクター自学にした子がいます。その子は，最低100枚集めると決め，家族・親戚・友達などにお願いして，数週間で達成しました。

　集め自学のときにも書いたように，人にお願いすることでコミュニケーション力が高まります。コミュニケーション自学と呼んでもいいです。

2　集めたら，分類する

　集めたカードを，いろいろな観点で分類します。絵・写真・カードの書き方など，自分で観点を決めて分けます。

3　分類をもとに，発見したことを分析自学に書く

　分類をもとに，気がついたことを，分析自学として自学にします。ただ集めるだけでなく，わかったことなどを書き留めることが，自学の深化です。中には，家族にも何か発見がないかを聞き，書き留める子もいます。正に深化です。

●●●　一言アドバイス　●●●

　モノ作り自学にしても，コレクター自学にしても，時間がかかる取り組みです。ねばる心が必要です。自学の深化は，同時に，人としての成長の深化でもあると思っています。諦めずに取り組み続ける，強い心をもつことができる場だと思います。

8 何でも徹底視写自学

深化する自主学習への取り組み⑥

徹底的に視写することを続ける自学

右下の自学は、漢字ドリルを徹底的に視写したものです。そっくりに写す、これをどの子も目標にして、取り組んでいます。

そっくりに写すということは、よく見るということです。1学期の観察自学の発展型です。

よく見ると、今まで何気なく見ていたものにも、こんな工夫があるのかと気がつきます。

視写するのは、ドリルだけでなく、百科事典・辞典・教科書・資料・本・グラフ・絵などいろいろです。

自学メニューとしては、ネタがたくさんある学びです。ただ、これも時間がかかります。

じっくり丁寧にやるのが、徹底視写。自学の深化はレベルが高いです。

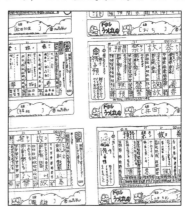

> **ポイント**
>
> ただ、徹底視写に取り組むだけではないです。次のようなアドバイスを必ずしています。苦労したこと、工夫したこと、どれだけ時間がかかったかなどを書くといいです。視写したものだけでは見えないことが見える化されます。

徹底視写自学は学びの磁力を強める

　右下のノートは，教師の学級通信を徹底視写している自学です。この年は「エトセトラ」という通信です。その中から，自分の心に響いた部分を視写し続けたのです。

　もちろん，視写するだけではないです。写真を見たらわかるように，自分の感想も，しっかりと書き加えています。

　学級通信を徹底視写する子は多いのですが，こういう感想が「差」となります。

　「差」があることが，学びの磁力を強めます。あの人は，どんなことを書いたのか，同じ自学に取りくんだ子は気になります。

　自然と，どんなことを書いた？と学び合うのです。

　自分はここが気になった，自分はここと言うように，同じ通信を読んでいても，感じるところが違うことを学びます。

　学びの磁力が強まれば，次の徹底視写に工夫が生まれます。それが，自学の深化だと思っています。

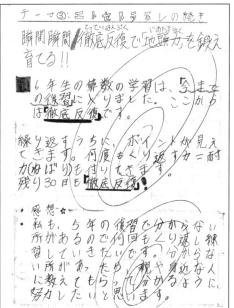

●●●　一言アドバイス　●●●

　教師の学級通信を徹底視写する子が増えると，教師の一言一言にしっかりと耳を傾ける子どもたちが増えます。モノ作り・コレクター自学のときと同じように，視写することを通して，人としての成長もレベルアップしていきます。自学と心の深化です。

9 自主学習を深化させる親子自学①
面白ワーク・宿題君編

📖 親子で面白ワーク・宿題君／マイルストーン効果

　１学期から「共育カード」などを通して，保護者とのつながりを深めています。学級通信を通して，面白ワークや宿題君の取り組みも紹介しています。

　親も，自主学習のやり方にだんだんと慣れてきます。

　慣れてきた頃がチャンスです。親子で，面白ワークや宿題君に取り組めるような問題をどんどん出していきます。

　特に低学年の場合は，親子で取り組むことで，親子会話が弾みます。

　右のワークは，とんぼを完成させるものです。こういう問題は，意外に子どもたちの方が，よく知っています。

　「よく知っているねえ。すごいねえ」とほめられ，声をかけられる場になります。その声かけが，自学を深化させるスイッチになります。

> **ポイント**
>
> 　親子自学にマイルストーン効果を活用しています。大きな目標を達成するために，途中の目標を定めると効果が出るというものです。自学を深化させるために，１回１回の弾む会話・たくさんのほめ言葉を大切にしています。

面白ワークで親子対決を楽しむ

　ライバル効果という言葉があります。下のような面白ワークで，親子対決をする。すると，父親・母親，ときには兄弟姉妹がライバルになります。
　ライバルがいるだけで，俄然，やる気は高まります。
　下の面白ワークは，自分たちで制限時間を決めて，漢字の画数ミスがいくつあるかを探す問題です。「左問題はお父さんと勝負。右はお母さんと勝負」そんな戦い方もできます。
　勝ったらほめられる。負けたら，よし，次は勝つぞという気合いが入る。ゲームを楽しむ感覚で，親子自学に取り組めるようにしています。
　もちろん，一人に数枚の面白ワークを配っています。中には，家でコピーをして，親戚と取り組む子までいます。

　こういう対決型ワークに慣れてきたら，作成することにも挑戦してもらいます。
　右でいえば，漢字の部分なし。そこに，自分で問題を入れます。
　早く問題をつくれた方が勝ちです。そんな楽しみ方もできます。

●●● 一言アドバイス ●●●
　親子対決をしても，親子会話が弾みます。もちろん，これを始める前に「勝って自慢したり，負けて文句を言ったりするようではレベルが低い」ことを話しています。今までと同じく，自学の深化は，心を磨く場でもあると思っています。親子で楽しむ，それがねらいです。

10 自主学習を深化させる親子自学②
面白カルタ・カード編

📖 親子で面白カルタ・カード遊びを楽しむ

　親子で面白ワークや宿題君の問題を解くのと同じように，親子で面白カルタやカードを楽しむ場を用意します。

1　面白カルタやカードを配る

　面白カルタやカードのサイズは，名刺サイズです。カルタやトランプは，ラミネート加工しています。教師が，子どもたちの人数分，長期休みなどを利用して作成しています。

2　面白カルタ・カード対決をする

　子どもたちには学校でやらせておきます。そうすることで，やり方を説明できます。例えば右のカードは「部首カード」と「漢字カード」の2種類があります。2枚めくって漢字が完成するとカードをゲットできます。ちなみに，対決の様子は，自学ノートに書いて持って来ます。

> **ポイント**
> 　面白カルタ・カードを渡すと，何人もの子が興奮して次の日に話しかけてきます。「先生，お母さんに勝ちました！」「ぼくは，負けました！」こういう対決の場が，学びを楽しむ・楽しもうという力になるのを強く感じます。

親子で面白カルタ・カードを作成する

　親子対決は，面白カルタやカードをするだけではないです。親子で対決した面白カルタ・カードを作るという場が待っています。

1　下のような部首や漢字が書かれていない紙を配る

　面白カルタやカードのサイズは名刺サイズなので，四つ切り画用紙に何枚も印刷することができます。一家庭，部首カード10枚・漢字カード10枚程度作ることができる紙を配ります。

2　面白カルタ・カードを作成する

　以前，親子対決で遊んだ面白カルタ・カードを参考にして，自分たちでも新しいカルタ・カードを作成します。その際，手元にある漢和・漢字辞典などを調べて作ることを勧めています。

　中には，データでほしいという方もおられるので，そのときはデータを配りパソコンで作成していただきます。

　もちろん，オリジナルのイラストや言葉を入れても OK です。

3　時間内に，仕上げる

　時間内に，工夫して作ることができるかを親子対決します。

　時間設定は，相談して決めます。

●●● 一言アドバイス ●●●

　親子で面白カルタ・カードを作成するとき，リハーサル効果を活用しています。何度かカルタ・カード遊びを通しているので，説明が少なくても，親子で楽しく作る競争ができます。ここでも，作ったときの様子を自学ノートに書いて知らせるようにさせています。

11 自主学習を深化させる親子自学③
親子自学ノート編

📖 親子で頭を悩ますいい時間

5年生の子が，6年の「やまなし」の分析に挑戦しました。

そこに「親子自学」という言葉も書いてあります。

何と，親子で「やまなし」分析に挑戦し続けたのです。自分の学年とは違う教材に臨

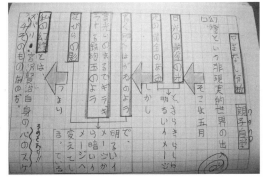

む我が子の姿に，自分も頭を悩ますことに挑戦したいと思ったと書かれていました。

親子対決ではなく，親子思考の時間です。もちろん，夕食の準備をしながらのときもあったそうです。でも，すき間の時間を使って，親子思考を楽しむ。

だから，どんどん自学が深化していきました。子どもだけでは，決して出ることのない発想が生まれるのも，この学びの良さです。

> **ポイント**
> 面白ワーク・宿題君・面白カルタなどで，親子自学を楽しむ場を広げていくと，自学ノートでも親子自学を楽しむ場が次々と生まれてきます。特に，低学年の児童は，この親子自学が楽しくて仕方ない学びの場となります。

家の周りでとことん親子自学

ある子が，学校の帰り道で見つけた笹を自学に取り上げました。

観察自学の発展型です。その姿を見た親が，一緒になって笹の葉を分析・追究したのです。

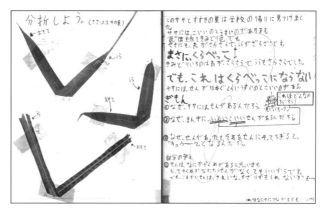

家の周りには，笹の葉のように自学のネタになるものがたくさんあります。

親も日頃から，よく目にしているものです。でも，じっくり立ち止まって分析・追究することは少ないです。

だから，一緒に自学を楽しもうと思うようになるらしいのです。

【親子自学で自主学習の深化を図るキーワード】

それは，「身近なネタ」ということです。まずは，家の中のもの。それから，ちょっと外に出たところ。これなら，親だけでなく，兄弟姉妹・祖父母ともできます。ネタが尽きることがないというのが，親子自学の楽しみの根底にあります。

ありがたいのは「今日は，これを親子自学してみない」と，自学ネタの親からの提案があることです。学びの目が広がっていきます。

●●● 一言アドバイス ●●●

自主学習は，子どもたちだけが学ぶものではないです。学びを親子で一緒になって楽しめる場です。それは，親も一緒になって調べたり探ったりする楽しさを味わえるからです。中には，その様子を共育カードに書く親もいます。自学と共育がリンクする場が，親子自学です。

12 自主学習を深化させる親子自学④
旅学び・耳学び・読書学び編

📖 旅学び・耳学びで自学が深化

　子どもたちに，日頃からこんな話をしています。「学び力を高める場に，旅があります。旅学びといいます。人にいろいろと尋ねて学ぶ場があります。耳学びと呼んでいます」。旅をしたら，いろいろなものを見て学ぶ。出会った人に，いろいろと尋ねて学ぶ。それが，学びのチャンス，自学力アップの機会になると言っています。

　右の写真は，親子で散歩しているときに，畑で働いている人に質問したことを自学ノートに書いたものです。

　散歩も一つの旅学びです。お出かけです。ただ歩くだけでなく，新しい発見を意識。それだけで，質問したいことに，自然と出会います。

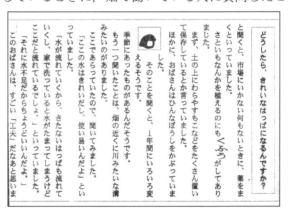

> **ポイント**
>
> 　旅学び・耳学びは，カラーバス効果を活用しています。お出かけしたときには，何か一つでも質問するものに出会おうと声かけしているのです。同時に，教師が出会い，質問した事実をよく話すようにしています。

読書学びで自学が深化

　旅学び・耳学び以外に，学び力を高める場として「読書学び」の場も話しています。

　読書といっても，本だけではないです。新聞・広告・雑誌・マンガ・看板など，書かれているものすべてに範囲を広げています。

　例えば，右下の作文自学は，ある新聞を読んで考えたことを書き留めているものです。たまたま，親が読んでいた新聞に面白い記事が書いてあったというのです。

　読書を本だけに限定してしまうと，子どもたちの活字意識は弱いです。

　範囲を大きく広げることで，身の回りにある「書かれているもの」に自然と目を向ける子が増えます。

　先の親子自学で笹を自学ネタにしたように，身の回りにある活字ネタが自学を深化させます。

　これ面白そうと思う場が，増えるからです。

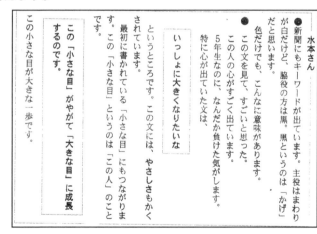

●●● 一言アドバイス ●●●
　旅学び・耳学び・読書学びはどれも，身の回りに目を向けるきっかけのための話です。自学を深化させるためには，1学期以上に自学ネタが身の回りにたくさんあることを実感する場が必要です。その実感を親子で味わう。だから，自学をとことん楽しめるのだと思います。

4章 自主学習ノートの完成（3学期）

1 冬休みの自主学習

📖 ドリル自学・分析自学・追究自学の継続

　冬休みは，1日最低1ページのドリル自学か分析自学，追究自学のどれかを選んでやり続けることを課題にしています。

　ただし，トータル15ページにしています。ゴールを示すことで，冬休みにできる，旅学びや耳学び，読書学びに力を入れやすくなります。

　もちろん，ラダー効果を意識している子どもたちです。

　高い目標に向けて，がんばり続けることが当たり前になっているので，15ページを越える子が多く出てくるのも事実です。

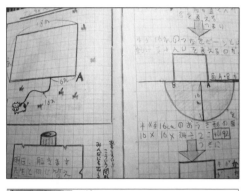

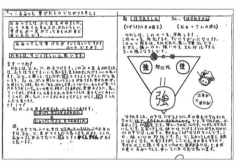

> **ポイント**
>
> 　冬休みにも夏休み同様，リフレイン効果を活用します。今まで培ってきたものを繰り返す。新しくメニューを生み出すというより，やってきたこと一つ一つを確認する場にしています。

面白ワーク冊子で自学ネタのヒントを得る

　自学の深化が進んでいるクラス・学年の場合には，「面白ワーク冊子」を配ります。新しい自学メニューを生み出すためのヒントになるように仕掛けています。例えば，下のワークでは，次のポイントもワークに書き加えます。

1　部分提示をする

　下の場合は，歴史人物の顔が半分になっています。名前も少しだけ書いています。名前なしの人物には，いつ頃の人かなどのヒントを示しています。

　同様に，いろいろなものの部分を隠す。これが，新しい自学メニューづくりのヒントになると，書いておきます。

2　クイズ風にする

　外来語発見の問題は，ただ外来語を書くのではなく，クイズ風にマスをつくります。クイズのように提示すると，書いておきます。

　３学期の自学につながる，自学ネタのヒントを仕掛ける冬休み自学です。

●●●　一言アドバイス　●●●

　２学期終わりまでの子どもたちの育ちで，自学ノートにするか面白ワーク冊子にするかなどを決めます。常に大切にしているのは，子どもたちの育ちの事実です。子どもたちの実態をしっかりつかみ，仕掛けることを考える。この心を忘れないようにしています。

2 3学期の自主学習は「趣味化」

好きこそものの上手なれ

　3学期は，今までの自学リズムを保ちながら，深化も図り，同時に自学を趣味化することにも力を入れます。

　「好きこそものの上手なれ」という言葉があるように，好きなことには熱心に努力するので，一人ひとりの好きなことに力を注がせる場を多くします。

　例えば，右の写真は，イラストを描くことが大好きで，社会の追究も大好きという子に勧めた「1枚の絵」ワーク自学です。自分問題を作り，得意なイラストを描く。すぐに趣味にしてしまいました。

　みんなにも，すぐに紹介です。

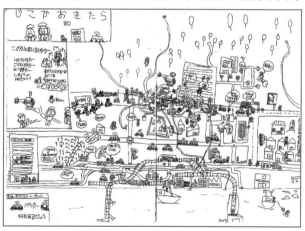

> **ポイント**
>
> 　教師が一人ひとりの「好きなこと」をしっかりと把握し，こんなのやってみたらという投げかけをすることが大切です。手元に，今までの教え子の自学で参考になるものがあったら，それを提示します。

趣味自学は教師の想像を越える

趣味自学は，教師の想像を越えるものが出てきます。

例えば，下の自学は，国語の授業で行っている手法「分析批評の授業を斬る」というテーマで，授業そのものを九つの観点から分析しているのです。

作文が得意で授業中鋭い意見をよく発表する，そんな子だったので，授業についての分析をしてみたらと声をかけたのです。

届いた自学ノートを見てびっくり！　教師の想像をはるかに越える内容だったのです。実に刺激的で，面白いです。

もちろん，うんとほめて，さらにこんなことを続けてみたらとアドバイス。「○○を斬る」シリーズが趣味となって，新しい自学メニューになったのです。

授業だけでなく，テレビ番組や新聞記事など「斬る」ネタは尽きることが，なかったです。

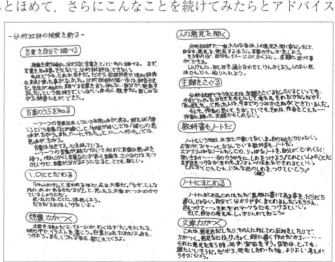

●●●　一言アドバイス　●●●

3学期は，自学を「趣味化」します。好きなことを楽しんで学ぶという，自学の本質を定着させます。1章で書いた「must-can-will」のもっとやりたい（will）を，前面に押し出します。

趣味化した自学は，大人になっても生きる学びだからです。

3 専門家自学

趣味化する自主学習への取り組み①

📖 その道の専門家自学

将棋の強い子がいます。電車に詳しい子がいます。昆虫に詳しい子がいます。ゲームに詳しい子がいます。その道の専門家と言ってもいいです。

教師以上に、いろいろなことをよく知っている子がいます。

もちろん、そんな子どもたちに自学の趣味化を勧めます。

例えば、右の写真は、マンガに詳しい子が描いたものです。マンガの構成の仕方から、吹き出しの書き方まで、よく知っている子でした。

そんな子に勧めたのが、分析用語をマンガで説明することに挑戦すること。

専門家要素をもった子は、必ずと言っていいほど、挑戦します。

> **ポイント**
>
> 専門性の高い子には、自学を趣味化することを勧め、専門家自学に挑戦させます。この道は、自分に任せて、何でも聞いてと言われるくらいの自学をつくることに挑戦させます。自学の深化というより進化です。

仲間や親子で同じ趣味自学

　先のマンガで分析用語を説明する自学が出ると，マンガが好きな子には，たまらない自学になります。
　自分もやってみたいという思いで，いっぱいになるようです。
　そんな姿を見つけたら，同じ趣味自学に挑戦してみたらと声をかけます。
　ただし，全く同じものでは面白くないです。新鮮味がなくなります。
　下の写真のように，違う攻め方を勧めます。
　例えば，「体を守る皮ふ」という説明文があったのですが，これをマンガでわかりやすくまとめる。これに挑戦してみたらと勧めたのです。すぐに，下のように上手くまとめた自学を持って来ました。
　「ありがとうー！すごい！」感謝と褒め言葉の連続です。

　実は，専門家自学には「サンクス効果」と「ロールモデル効果」を活用しています。

　感謝の言葉でやる気が高まり，目指したい真似したい人がいることで，さらに上を目指した自学に挑戦するようになります。

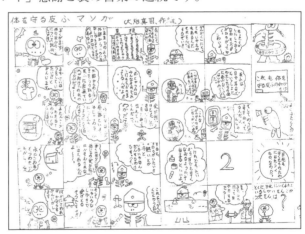

●●● 一言アドバイス ●●●
　専門家自学には，二つの効果「サンクス効果・ロールモデル効果」を上手く活用しています。二つの効果が，専門的に追究する自学の内容を変化させています。趣味の幅が広がり，自学の面白さを何倍にもしています。

4 ブック自学・大判用紙自学

趣味化する自主学習への取り組み②

冊子「書き虫の足跡」完成

　ブック自学というのがあります。一つのことを突き詰めてＢ４用紙50枚分書けたら，ブックにするというものです。

　右の写真は，その一冊です。「ミニ来夢」とネーミングして，専門家自学に取り組んだ子のブックです。表紙は，きちんと製本会社に出して，きれいに仕上げてもらっています。

　ここに，バリュー効果を活用しています。人とはちょっと違うことに挑んだ「証し」を残すことで，存在感・効力感を植えつけ，やる気を高めるものです。

　自学を趣味化する背景では「目標の魅力×達成の可能性」という，やる気を高める原則を強く意識しているといってもいいです。

　低学年でも，高学年でも，目標に魅力があると，必死に取り組みます。達成する可能性は，どの子にもあるだけに，わくわく感を生み出します。

> **ポイント**
>
> 　１・２学期の自学は，自学ノートや面白ワークなどに挑戦するだけでした。３学期は，今までとは違った目標の変化があります。その一つが，ブックにするというもの。やったことが形として残ることに，やる気が高まります。

大判用紙・カレンダー自学誕生

右の自学は、家にあったカレンダーの後ろに、自学を書いたものです。

サイズは、結構大きいです。縦80cmくらいあります。

この子は、リサイクルにも興味をもっていました。たまたま、親が捨てると言ったカレンダーの使い道を、自学にしたのです。

もちろん、すぐに学級の掲示版に貼りました。「リサイクル自学」と題名をつけて貼り出しました。

ここに、スポットライト効果を活用しています。

ノートやプリントだけでなく、こんなものに自学を書いていい。趣味自学は、新しい試みに挑みやすいです。この挑戦した事実にスポットを当てると、他の子の趣味の幅が広がっていきます。

ちなみに、これをきっかけに、広告のウラ自学・大判用紙自学・画用紙自学・端切れ自学など、自学を書く物にまでこだわりをもった趣味自学が集まり始めたのです。

●●● 一言アドバイス ●●●

趣味自学を定着させていくには、バリュー効果やスポットライト効果などを活用して、一人ひとりの存在感や効力感を高めます。そうすることで、人と違ったことに取り組んだことが取り上げられ、同時にそれが他の人の自学にも役に立つことを味わわせることができます。

5 問題集自学

趣味化する自主学習への取り組み③

問題集に挑戦する自学

　1章で紹介した「自学の山」の写真。出された自学を積み上げたものです。1日で2m近くになります。
　この自学の山は，ノートだけではないです。問題集もあります。
　宿題君やドリル自学などに日々取り組んできた子どもたちは，もっとレベルの高い問題に出会いたいと，問題集を始めます。
　「お母さん，問題集を買ってほしいんだけど，いい？」
　そう言われて，嫌な親はいません。
　1冊の問題集が出ると，それがモデルとなって，次々といろいろな種類の問題集が集まり始めます。
　「こんな面白い問題が出てたよ」
　問題集の話で盛り上がります。趣味の世界の一つに，問題集が入ってきます。これもまた，学びの深化ではなく進化だと思います。

> **ポイント**
> 　趣味の一つに，問題集の問題を解くという子が増えます。もちろん，初めは，問題集を解いてみないかと声をかける場合もあります。最初の一人目が出ることを意識して仕掛けています。

ハイレベルな問題に挑み続ける

　問題集自学に挑む子どもたちのいいところは，学校では，ほぼ解かない問題に挑戦することです。

　例えば，右の自学ノートの問題は，教科書だけを解いていたら，絶対に出会うことがないです。

　「先生，こんな面白い問題がありました」と見せに来るのです。

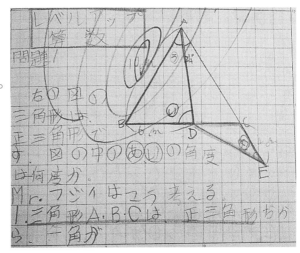

　中には，「先生，この問題解けますか」と持って来る子までいます。

　もちろん，ぱっと見ただけでは，教師もすぐに解けない問題に出会うことがあります。

　「これは，いい問題だなあ。先生も簡単には解けなかったよ。いい問題をありがとう。また，面白いのがあったら，どんどん自学で教えてね」

　サンクス効果です。教師でも解くことが難しい。そんな問題に挑戦しているという事実と感謝された事実に，やる気が高まり，ハイレベル問題を解くことが趣味になっていくのです。

●●● 一言アドバイス ●●●

　ハイレベル問題に挑戦する子が出てきたら，少しずつ知的学級掲示自学にも，ハイレベル問題を掲示していきます。もちろん，全員が書き込みをすることができない場合もあります。でも，そんな問題に挑戦している子がいる事実に，スポットライトを当てることになります。

6 手紙自学

趣味化する自主学習への取り組み④

📖 コミュニケーションツール「手紙」

　趣味自学の一つに「手紙」があります。スマホやインターネットが普及している今ですが、それだからこそ、アナログの手紙を大切にしています。

　相手のことを思い浮かべながら、時間をかけて手紙を書く。それを勧めています。

　まずは、授業の中で「全員経験の場」を設けています。特に、手紙の書き方について説明をしています。

　その後は、手紙にはまった子どもたちの質問にこたえる形で、説明を続けます。

　右の写真は、甜菜です。手紙を書いたことで、北海道から送られてきたのです。こういう事実が、子どもたちに「手紙」の面白さを倍化します。手紙が、趣味自学になるきっかけです。

　直接なかなか会うことができない人と、手紙を通してやり取りができる面白さ。それが、子どもたちを手紙のとりこにします。

> **ポイント**
>
> 　スマホ世代の子どもたちは、手紙を書く機会が少ないです。それだけに、一度手紙の面白さに気がつくと、はまってしまいます。はがき1枚の値段さえ知らなかった子どもたちが、手紙文化を広める一役になります。

スーパー手紙自学

　下の写真を見てください。魚が写っていることがわかりますか。実はこれ，本物の魚ではないです。手紙です。
　こんな面白い手紙が届いたことを，子どもたちに話したのです。
　「こんなものでも手紙になります。どんなものが送れるか試す自学に挑戦してみる人がいると，うれしいです」
　それをすぐに，実行した子がいます。
　まずは，食事で使った「かまぼこ板」が送れるか試したのです。その際，送れるかどうか，郵便局に行ってまで確認したのです。手紙自学が，コミュニケーション自学にもなっています。
　もちろん，他の子どもたちにも紹介。
　その面白さにはまったこの児童は，次に「手作りのうちわ」。
　その次は，家にあった「段ボールの切れ端」。そのダンボールには，写真のように，宛名を，糸を組み合わせて作ったのです。すべて届きました。
　まだまだ続きましたが，続くうちに親子自学となり，母親も家にあるもので，手紙を送ってきてくださったのです。スーパー手紙自学と呼んでいます。

●●● 一言アドバイス ●●●
　手紙を全国各地に送るという方法もあります。スーパー手紙自学のように，どんなものを送ることができるかを考える，手紙自学もあります。デジタルの時代に，アナログ文化をうんと楽しむ自学を趣味にする。その手助けや声かけを通して，趣味自学を浸透させていきます。

7 趣味化する自主学習への取り組み⑤
「子どもたちで授業」自学

📖 「子どもたちで授業」自学に挑戦

　趣味自学が浸透すると，次のようなことに挑む子どもたちが出てきます。放課後15分程度，子どもたちだけで，分析自学をしているのです。

　「先生，放課後15分ぐらい残っていいですか。残れる人達で，分析自学をしたいんです。みんなで，わいわい言い合って授業みたいに分析を楽しみたいと思うんですが，いいですか」

　例えば，右のような絵を黒板に貼って，それぞれの考えを発表し合っているのです。もちろん，先生役の子が前に出ています。教師も参加しますが，一切口を出しません。

　分析を趣味とする子どもたちが，みんなの考えを自学に生かしたいということから，こんな場が生まれました。

　わずか15分ですが，自分にはない考えを聞ける楽しい場になるようです。

　井戸端会議のような楽しい場です。

ポイント

　自分だけでは，なかなか浮かばない考えを聞くことができる「子どもたちで授業」。家だと近くの友達しか集まることができないけれど，学校だと残れる人が一緒の時間を過ごせる，楽しい趣味時間になります。

「子どもたちで授業」はブレスト発想

このような「子どもたちで授業」が生まれた背景には,「ブレスト」という話を時折していたことが関係しています。

ブレインストーミングという面白い学び合いの方法があるよ,と何度か話をしていたのです。

一つのテーマに対して複数の人が,自由に意見を出し合うことで,新しい発想や問題の解決方法を導き出す方法が,自学を深化させるのに役に立つかもといろいろな子どもに語っていました。

もちろん,ブレストでは「結論を出さない。自由奔放。質より量。他の人の意見に便乗」などの原則があることも,話しています。

ところで,「子どもたちで授業」で使用する分析ネタには,歴代の分析自学ノートが登場することがあります。教室に置いていた,以前の教え子の分析自学ノート。その中から,これはすごいというものを選んで,どこがすごいのかを授業しているのです。

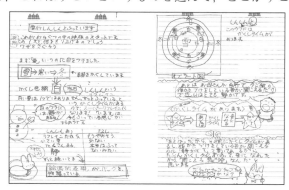

まさに,自由奔放にネタも選んでいます。

こんな場が,自学を趣味にします。

●●● 一言アドバイス ●●●

「子どもたちで授業」は,一つのブレストです。自由に意見を出し合って,新しい発想が生まれる楽しい場です。放課後の15分,毎日は難しいですが,たまにやるから楽しめるのかも知れません。教師は口を出しませんが,子どもたちを知るいい機会になります。

趣味化する自主学習への取り組み⑥
8 テレビ学び・キーワード学び

📱 メディアからの情報を趣味にする

　テレビ・ラジオ・インターネット・ビデオなどの情報を，自学ネタにする子がいます。ネタはいくらでもあります。

　例えば，下の自学は「ライト兄弟」を特集したある番組の情報をもとに，自分の考えをまとめているものです。メディアから流れてくる情報から，自分の興味ある言葉などを選び，分析自学にしています。

　メディアの情報を趣味にして，分析自学にすると，友達との会話が増えます。友達からの情報も手に入れようとするからです。

　もちろん，家族からも情報を引き出すので，自然と会話が増えます。

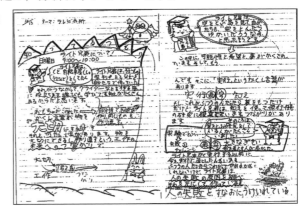

> ポイント
>
> 　テレビやインターネットなどは，自学ネタの宝庫です。自分の好きなテレビ番組を見たり，自分の好きなことをネットで調べたりすることは，幸せな時間です。その時間を自学に生かせば，一石二鳥。それが趣味自学です。

教師の一言が学びのキーワード

　下の自学には，外務大臣のことが書いてあります。

　授業中に，何気なく話した「外務大臣」の話。この言葉を「学びのキーワード」にして，次の日の自学のテーマにしたのです。

　テレビ学びなどと同じように，教師の言葉を情報と考え，その言葉の中から，自分の心に引っかかるものを「学びのキーワード」にしているようです。

　「今日は，先生が授業中に言った外務大臣という言葉を，田平さんが自学のテーマにして調べてきました。この自学は，すごいです。先生も知らなかった外務大臣の名前がたくさん出ています。ありがとう」

　ここに，オンリーワン効果とサンクス効果を活用しています。

　珍しい自学メニューです。教師の言葉を学びのきっかけにする。誰でもできることですが，今まで取り組んでいなかったテーマです。

　教師から言われて調べることはあっても，自分から「学びのキーワード」を見つける。まさに，趣味の世界です。キーワードが尽きることもないです。

　この自学は，誰でもできることなのですぐに広まります。

● ● ● 一言アドバイス ● ● ●

　テレビ学びや教師の言葉からの学びのキーワードなどは，ネタが尽きることがないのが，趣味自学になるのにもってこいです。友達とも，情報交換をしやすい自学です。親とも語り合いながら取り組める，親子自学にぴったりの趣味自学です。

9 趣味化する自主学習への取り組み⑦
原稿依頼システム

📖 協力型自学「原稿依頼で冊子作り」

　「子どもたちで授業自学」「ブック自学」「専門家自学」などの趣味自学に取り組む子どもたちは，書くことが大好きです。書いたものを，掲示したり通信に紹介したりしているので，みんなが「書き虫」になっていることを，どの子も知っています。こういうときに生まれたのが，協力型自学「原稿依頼」冊子です。次のページにあるような「原稿依頼文」を，子ども自身がパソコンで作成し，みんなに配っているのです。

　もちろん，教師の布石がこの「原稿依頼システム」を生み出しています。

　「ブック自学は，一つのことを突き詰めてＢ４用紙50枚分書けたら，ブックにするものでしたね。一人で50枚書くのは大変です。だから，マンガ本なんかは，いろいろな作者に原稿依頼して，一冊の本を完成しているんです。そうすると，早く完成しますよね」

　こういう話を時折していたので，自然と原稿依頼システムが誕生したと言ってもいいです。面白いのは，引き受けてくれたら「自作のモノプレゼント」があるということです。特別な折り紙工作など，最高の宝になります。

> **ポイント**
>
> 　原稿依頼システムは，多いときは十数人で１冊のブックを１週間で完成させます。一つのテーマを，いろんな人が自由気ままに書き綴っているので，読むだけで学びが深化します。みんなでブック完成が，大きな記念です。

授業とリンクした原稿依頼テーマ

　下の原稿依頼文を見ていただくと分かるように，原稿依頼のテーマは，日頃の授業とリンクしています。

　例えば，下のテーマは「オニ分析」です。ノートのオニ・発表のオニ・イラストのオニ・工作のオニなどを探っています。授業中に「○○のオニになれ」と話し続けてきたことを，テーマにしています。

　ここでも，教師の一言が「学びのキーワード」になっていると言えます。

　原稿依頼は，授業と自学をつなぐ大きな役割をもつ趣味自学です。

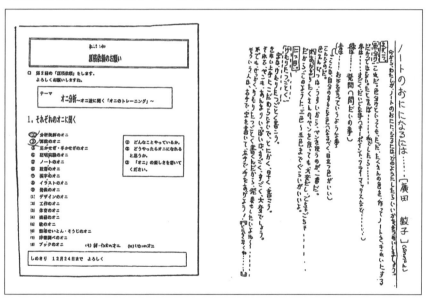

●●● 一言アドバイス ●●●

　原稿依頼は低学年では難しいですが，中学年以上では，編集長に向いている子が必ず1人以上います。そんな子にさり気なく，原稿依頼の面白さを強調し続けます。ピグマリオン効果を活用していると言ってもいいです。何人かに期待する。そうすると，生まれる自学です。

4章　自主学習ノートの完成（3学期）

10 目標達成みんな自学に挑戦　目標値は月までの距離

📓 協力型自学「みんなで目標値に達成」

　2章で紹介した「ポイント評価」。これを利用して3学期には，みんなである目標値を目指す場を設けます。

　「親子自学」や「子どもたちで授業」などを経験している子どもたちは，協力して自学することに慣れています。さらに，みんなの力で何かを達成させることで，ラストの自学をパワーアップしたまま終わらせます。

　例えば，こんな目標値を設定したことがあります。

- ◎　月までの距離‥‥‥‥384400km ⇒384400ポイント
- ◎　マラソンの距離‥‥‥42.195km ⇒42195ポイント
- ◎　日本の全長‥‥‥‥‥3300km ⇒3300ポイント
- ◎　キリンの高さ‥‥‥‥5.3m⇒530ポイント

　学年によって，目標にするものを変えています。目標値のポイントの数値も，年によって基準にしているポイントが「50」「1000」「3000」などと違うので，数値差があります。

　もちろん，期間限定です。約1か月かけて達成するように，仕掛けることが多いです。達成すれば，みんなでお祝い！　お楽しみ会の時間が増えます。

> **ポイント**
> 　達成するものや数値は，その年の子どもたちが協力すれば，1か月でどうにか到達できるというものを選んでいます。始める前から，これは無理というものは用意せず，ちょっと努力すれば可能なものを設定します。

1日30冊の自学に取り組む子ども

協力型自学「みんなで目標値に達成」の背景には，1日30冊の自学ノートを持って来る子がいます。

右のように，30冊のテーマ別ノートを用意しているのです。計算ドリル学び・徹底漢字学び・音分析・新聞切抜きなど，自分が趣味としていることがたくさんある子です。

もちろん，30冊までいかないまでも，数冊のテーマ別ノートや何冊もの問題集自学の子もいます。

みんなで，目標値に達成するために，自分が趣味としていることに，「ぜん力」を注ぐ。

その姿が，1章で紹介した「四つのぜん力」になります。「全員力」が高まり，「前力」で目標値に向かいます。それが，当たり前に1か月続く姿が「然力」。みんなで協力する姿は，「善力」と変わっていきます。

3学期ラストの1か月は，この協力型自学で一つの締めくくりをすることが多いです。競争ではなく，共創であり協奏だと思っています。

全員で，自学の学びを奏でる。協力型自学は，そんな場だと思っています。

●●● 一言アドバイス ●●●

3学期の最後の締めくくりは，協力型みんな自学。みんなで，1年間を振り返りながら，今まで培ってきたものを出し合う場にしています。子どもたちには，みんな自学は，「可能性のトビラを大きく開くもの。叶える力を高めるもの」と話して，1年間を締めくくることも多いです。

11 自主学習の締めくくり①
1年間の成長

📖「量」で1年間の成長を見る

　1年間の締めくくりに，協力型みんな自学のような長期型締めくくりに取り組むこともありますが，短期の締めくくりで1年間の成長を見ることがあります。

◎　**1日で，どれだけの「量」の自学をすることができるか**

　1日限定です。6時間授業でない日に，たった1日でどれだけの量の自学が集まるかに挑戦することがあります。ノートの冊数ではなく，ページ数です。もちろん，この日と対比するために，初めて取り組んだ自学の日のページ数を記録しておきます。写真にも撮ってあります。

　1年間の成長を実感できる場として仕掛けます。

◎　**1日で，どれだけの「量」の宿題君・面白ワークに挑戦できるか**

　自学ノートだけではないです。自主学習には，宿題君や面白ワークなども入ります。これらを，1日でどれだけの枚数をこなすことができるかを試みます。もちろん，丁寧に取り組んでいなければ，枚数に数えられません。

　一人で，50枚も60枚もやって来る子がいます。その事実は，やればできるという「canの心」をしっかりと培うことができます。

ポイント

　「量」は，はっきりと目に見えます。それも，1番初めの日の事実と，比べることができる記録が残っています。初日とは，雲泥の差に驚きます。「量」が自信を生み出し，学ぶことの面白さを倍にすると思います。

「質」で１年間の成長を見る

「量」で，子どもたちの自主学習力の締めくくりをするだけでなく，「質」でも締めくくりをします。例えば，次のような場を仕掛けます。

◎ **どれだけの枚数の「分析作文」を書くことができるか**

一つの例として，右のような詩を提示します。ある幼稚園の子が書いた詩です。この詩だけで，10枚も20枚も分析作文を書ける子がたくさんいます。

それは，まず「自分発問」というものを何十個も作ることから始まります。「題名は何ですか」「ねてしもたものは，何ですか」「この詩を書いた子は，今どこにいますか」など，５Ｗ１Ｈを駆使して，自分が知りたいことを次々と書き出します。

これを書き出すことができるかを「質」としています。ここに「クライテリア効果」を活用しています。査定基準を明確にすることで，質に挑むやる気が高まります。

> ふくのなかにはいってねてしもた

◎ **新しい自学メニューを生み出すことができるか**

「質」の査定基準として，新しい自学メニューを１日で生み出すことができるかという場も設けています。

１年間，多くの自学メニューを生み出している子どもたちです。もうこれ以上，どんなことを試みればいいのか，頭を悩ませながらも新しいメニューを誕生させることができれば，ＯＫ！ 我以外皆我師の心持ちが，初めの頃よりはるかに高くなっているのを確認し合います。

●●● 一言アドバイス ●●●

１年間で，子どもたちの自主学習力は目覚ましく成長します。もちろん，個々の差はあります。それだけに，１年間の締めくくりは，みんな自学の形で「量」と「質」の成長実感の場を用意します。個々の差はあれど，みんな確実に「成長」している事実を喜び合います。

12 自主学習の締めくくり②
次年度へ繋げる

📱 三つの原則の再確認

　1章で紹介した，次の言葉を覚えていますか。「全員が進んで毎日やり続ける自学」という三つの原則を含んだ言葉です。
　1年間かけて，この言葉が見える形となって子どもたちの中に浸透していくように，いろいろな場を仕掛けてきました。
　常に，場を仕掛けるときには，三つの原則「全員の原則」「リフレインの原則」「プラス1の原則」を心していました。
　1年を締めくくるにあたって，日頃から三つの原則の再確認はしているものの，今一度振り返ります。そんな「最確認⇒最もじっくりと確認する」時間を，3月に設けています。
　それが，先に書いた「協力型みんな自学」であったり，「量」や「質」で成長を確認する場であったりしています。
　ただ，子どもたちに自主学習に臨ませるだけでなく，その姿から三原則の浸透している様子を見定めているのです。
　年によっては，三つの原則のバランスが悪い年もあります。それはそれで，反省し次の年に生かします。締めくくりは，教師の反省の場でもあるのです。

> **ポイント**
> 　三つの原則の再確認は，いつも意識して取り組んでいます。ただ3月の再確認は「最確認」と呼んでいます。最も大切にしている確認です。それは，自分のシステムづくりの反省の場だからです。

春休みの自学こそ自主学習

　春休みには、基本的に課題を出すことはないです。6年生の場合は、中学校から課題が出ることもあります。
　基本的には、自分で学びます。春休みこそ、本当の自主学習と言えるかも知れません。
　「やりなさい」と一言も言いません。
　ただ、1年間やってきたことを春休みになったからと言って、一切やらなくなる。それでは、学んできたことが後退することは、1年間の中で何度か話をしています。

◎　1日休むと3日もどる

　この言葉は、どの学年を担任したときでも使用するものです。ある柔道家が優勝した後のインタビューで次のように聞かれました。
　「今から家に帰って、お祝いですか？」
　「いえ、今から練習です。優勝したのは、今日のことです。明日は負けるかもしれません。すでに、次の試合に向けて練習を始めている人もいます。自分も負けられません。1日休むと3日もどってしまいます。喜びは、家に帰るまでです」
　こういう話は、子どもたちのやる気をアップします。三原則の「リフレイン・プラス1」の原則を強く意識します。こういう心持ちを、自分の心田に耕した子は、春休みにも自主学習を続けます。もちろん、全員ではないですが、次年度につながる心だと思うのです。

●●●　一言アドバイス　●●●

　1年間の自主学習の成果は、自分の手を離れたときの姿に出ると思います。もちろん、すぐに成果が出るときもありますが、何年か後に出ることもあります。大人になって、あのときやった自学が役に立っているという声も多く聞きます。自学は、人生の一役になると思っています。

| 5章 | 実物でみる自主学習ノート
＆宿題君・面白ワーク |

1 低学年の自主学習ノート①

📖 ドリル型自学例①

　低学年の自学ノートは，子どもたちからもらっていなかったので，学びサークル「ふくの会」の仲間・西田智行先生のクラスのものをお借りしました。
　低学年の場合は，丁寧に漢字や計算・日記などを続けることを自学にさせることが大切だと思っています。漢字・計算・日記という３点セットを一つのパターンとして，続けさせる。当たり前を当たり前力にさせ，丁寧に続ける力を身につけさせていきます。

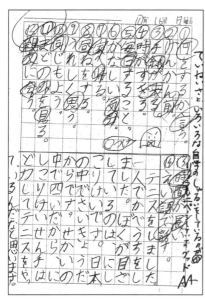
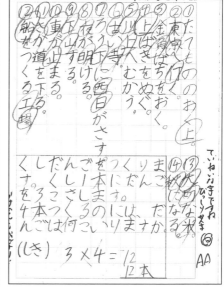

ドリル型自学例②

 ある程度，漢字や計算，日記などのドリル型自学に慣れてきた子には，**オンリーワン効果**を活用して，一人ひとり少しずつ違った自学に挑戦させるといいと思います。

 自分だけのドリルの学び意識が高まると，漢字や計算，言葉学び，日記などを**プラス1**して学びができるようになります。ちょっと人とは違った自学に挑戦しているという意識が，**自学を自楽にして**いく力になっています。

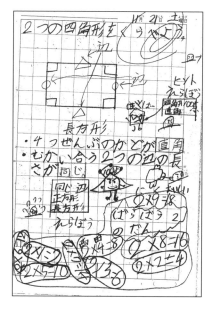
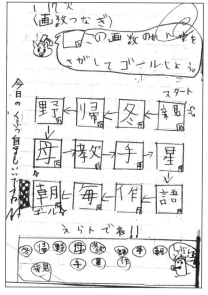

2 低学年の自主学習ノート②

📖 調べ追究型自学例①

　言葉だけでなく，絵もしっかりと写す。これが，低学年の調べ追究型自学のよさです。下の「鳥の絵」にしても「おもちの絵」にしても，実に分かりやすいです。絵をメインとして，そこにたくさんの言葉を書く。それだけで，調べたことがよく伝わります。
　ここで大切なのが，色ぬりです。手間をかけること，丁寧さを覚えること，ビジュアルにこだわることなどを学ぶことができるのも，この追究型のよさです。

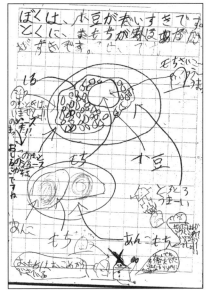

調べ追究型自学例②

　低学年の場合，長い文章を書けるだけで，すばらしい事実です。

　調べ追究型自学としては，発見したことや聞いたこと，考えたことなどがネタとなります。

　写真のように，ダンゴ虫の観察から発見したことやイヤホンなどをずっとしておかない方がいいという気づきが，長文を生み出しています。もちろん，授業と連動しているから，ここまで書けるようになっていると言えます。

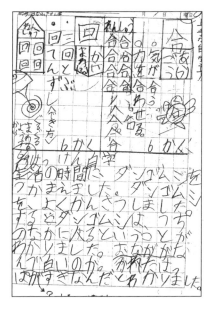

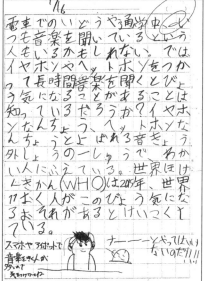

3 低学年の自主学習ノート③

📓 趣味型自学例①

　低学年の子どもたちでも，子ども新聞を読んだり，辞典を調べたりする子がたくさんいます。そういう子に勧めているのが，視写です。書いてあることをただ読むだけでなく，写すことを趣味にする。視写がブームになると，読むこと・書くこと・調べることが好きになる子が増えていきます。もちろん，学校に子ども新聞などがある場合は，全員経験の場で，しっかりと活用します。

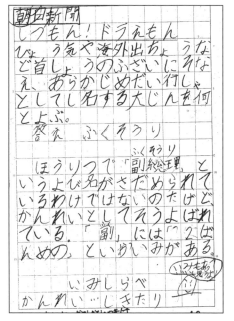

趣味型自学例②

　低学年の子どもたちの中には，**「見たこと作文」**を趣味にする子が多くいます。毎日，何かを見ては気がついたことを記録する。もちろん，イラスト入りで記録。見たこと作文は，人それぞれの内容なので，**オンリーワン効果**がある上に，**マイルストーン効果**もあり，学びが少しずつストックされていきます。

　習い事をしている子は，それ自体が，趣味自学になります。ピアノ・水泳・そろばんすべて，自学になります。

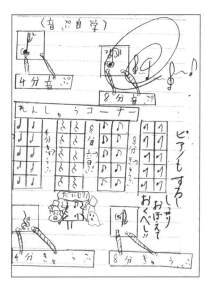

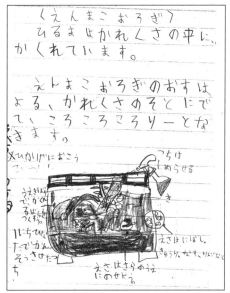

4 低学年の宿題君&面白ワーク

📖 自学につながる宿題君例

　低学年の宿題君には，漢字・計算コーナーを必ず入れます。ドリル学びです。

　そこに，言葉を見つけるコーナーやイラスト描き，発見，作文などのコーナーを付け加えています。

　基本は，漢字・計算ですが，こんなことも日々の学びとしてやると，自学力が身につくというものを，紹介し続けています。

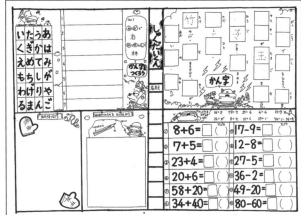

自学につながる面白ワーク例

低学年の場合には、語彙を増やす場にする面白ワークを、たくさん作っています。言葉を楽しむ自学メニューを生み出させる仕掛けです。

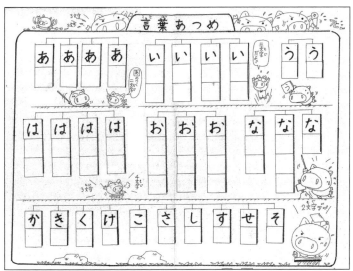

5 中学年の自主学習ノート①

📖 ドリル型自学例①

　日記を書き続けることも，ドリル型の自学です。左の写真は，題名を書き，挿し絵も入れて「構成の工夫」に日々取り組んでいる日記です。右の写真は，自分のうそ日記に，「自分発問」を考えて書き加えたプラス1分析日記です。

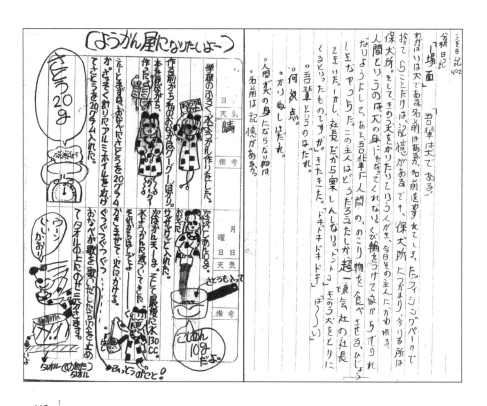

ドリル型自学例②

　右はドリル型自学としての漢字練習。ただし、「自分テスト」などを作ってプラス1自学です。

　左下は教科書をただ視写するだけでなく、穴あき型問題にしてクイズ風にまとめた社会自学です。

　授業中に学んだことを、しっかりと写し直し、学習したことを確実にするために、授業中に書いたノートを、工夫してまとめ直すのが、プラス1自学です。

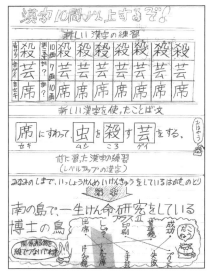

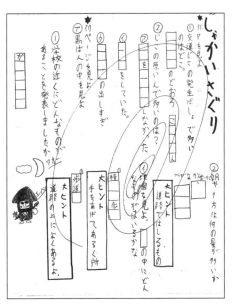

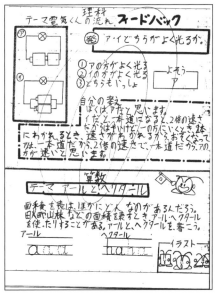

6 中学年の自主学習ノート②

📓 調べ追究・分析型自学例①

　調べ追究・分析するテーマは，身の回りにいくらでもあります。下のノートは，「県の旗」と「詩」を分析したものです。
　分析は，自問自答です。自分で自分に，問い続けます。
　分析では，いろいろなアイテムが登場します。国語の授業などで学んでいることが連動しています。「比べっこ」「かくしタイム」「スピード調」「たとえ言葉」など，100以上のアイテムが出てきます。

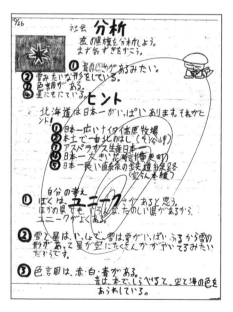
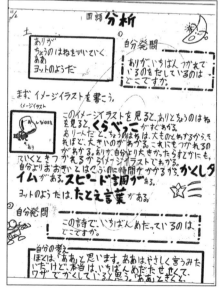

調べ追究・分析型自学例②

「せみのぬけがら」分析,「音分析」「ことわざ分析」など,自分が分析してみたいものを見つけ,同じようなテーマで何日も調べて追究・分析し続けています。

「せみのぬけがら」分析のように,本物をノートに貼ることもあります。

音分析やことわざ分析などは,教師が次に追究してほしいものを書くことがあります。

友達と一緒に,協力型で追究・分析する自学も多いです。

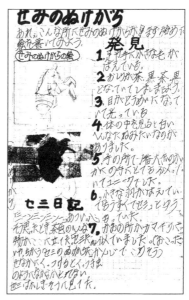

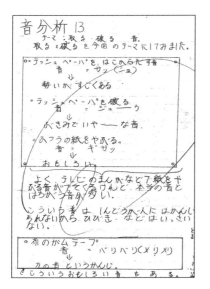

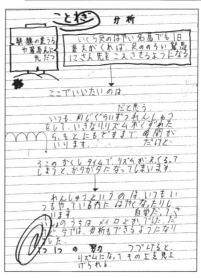

7 中学年の自主学習ノート③

📖 趣味型自学例①

　「はかせつうしん」とネーミングして，教師の真似をして，面白ワーク作りを続けた趣味自学です。12月で60枚目と書いてあるように，1年間で100枚以上を作り上げました。

　ローマ字や天気と全教科に渡って問題づくりできるので，自学ネタに困ることはありません。一つのパターンを持つと，趣味自学は長く続けることができます。

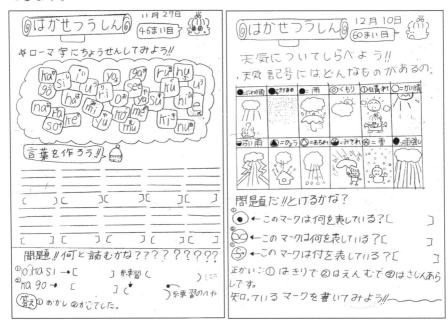

趣味型自学例②

　折り紙で、ある形をつくる過程を趣味自学にしています。折り紙好きな子が1年間続けたものです。ただ折り紙を貼るだけでなく、説明を書くことが工夫ポイントです。

　右下の「テレビから学び」は、1日に何時間か見ていたテレビから、必ず一つは自学にすることを決めていた子です。

　趣味自学として長く続くポイントは、テレビなどメディアを活用することです。同様に、ことわざもいくらでもあるので、趣味自学に向いています。

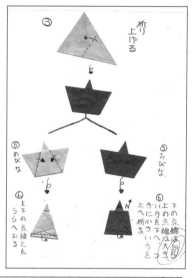

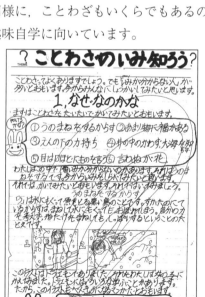

8 中学年の宿題君＆面白ワーク

📖 自学につながる宿題君例

　ローマ字宿題君，答えつなぎ計算宿題君は共に，自学につながっていくプリントです。「答えをつなぐ」というキーワードを子どもたちに伝えています。「ヒントの原則」も活用しています。
　イラストを入れることで，楽しみながら自学に取り組めるようにしています。「絵画表現」「図解の技術」のヒントになるようにしています。

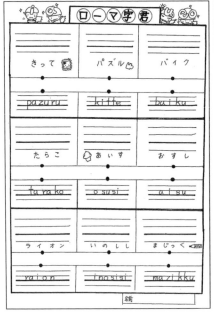

自学につながる面白ワーク例

　てんとう虫の背中の模様を無くしています。「かくし法」という方法を面白ワークで伝えています。

　かくし法は，いろいろなものの一部を隠せばいいので，新しい自学メニューを生み出します。

　下のコンパスくんは，ただコンパスで絵を描くだけでなく，**遊び感覚**で絵を完成するものです。**ゲーミフィケーション**を意識しています。

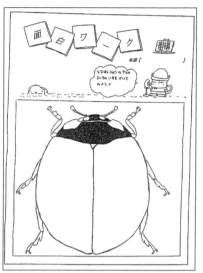

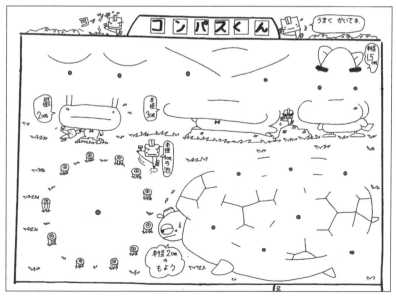

5章　実物でみる自主学習ノート＆宿題君・面白ワーク

9 高学年の自主学習ノート①

📖 ドリル型自学例①

　高学年になると，ドリル型といっても「漢字検定」の問題を視写するというメニューに挑む子もいます。問題集を視写しながら，ドリル的学びに挑戦する子が多く出てきます。

　ノート１ページを「四つ切り」にして，四つの学びを繰り返すというドリル学びに挑戦する子もいます。こうすると，一つの量は少ないですが，やりたいことを日々楽しんで取り組むことができると，好評な方法の一つです。

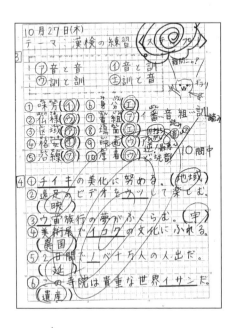
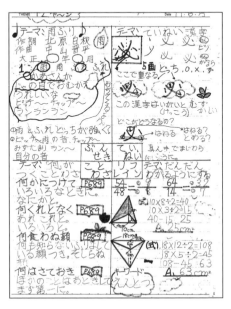

ドリル型自学例②

ドリル型学びでも，ただ漢字練習を繰り返すのではなく，右のように間違えた所を中心に学ぶ自学が増えてきます。

下の「ひと足先に漢字しよう」という自学は，予習型ドリル自学です。復習だけでなく，予習する子が増えるのが，高学年の自学です。

「歌舞伎」の建物を視写するのもドリル型自学の一つです。絵を模写し，そこから気がついたことを書き出す。こういう学びを繰り返す自学も増えます。

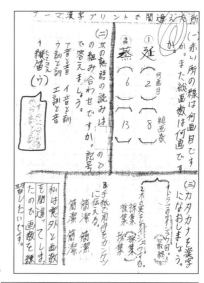

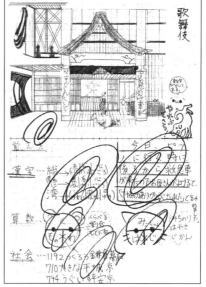

10 高学年の自主学習ノート②

📖 調べ追究・分析型自学例①

　高学年の調べ追究・分析型自学は、その名の通り、追究や分析が徹底的に継続されます。下のノートは「わらぐつの中の神様」という物語を読んで、自分なりに文章一つ一つにこだわり、言葉を深く探り続けているものです。
　こういう自学をする子は、授業中に他の人の考えを聞くことで、また新しい追究・分析ネタを仕入れます。次々と、もっと探りたいネタが増えていくのです。

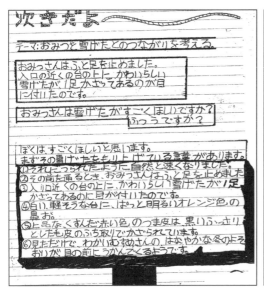
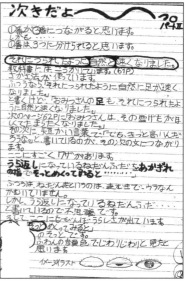

調べ追究・分析型自学例②

高学年になると,追究・分析するための用語をしっかりと身につけています。例えば,対比・類比・分類・色調・音調・かくし言葉・強調・リズム・イメージ・リフレイン・オノマトペなど,いろいろです。

追究・分析用語をたくさん持つと,多くの視点で,自分の考えを書くことができます。だから,下のように,びっしりと考えを書いてまとめる子が出てくるのだと思います。

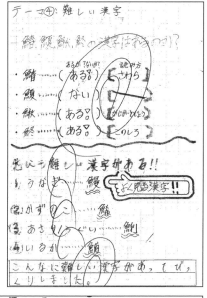

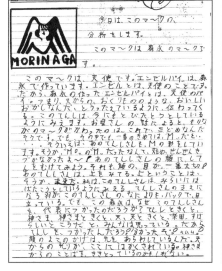

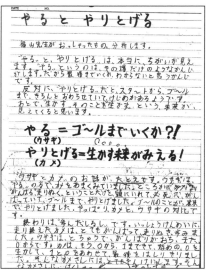

11 高学年の自主学習ノート③

趣味型自学例①

　高学年になると，絵を描く技術が格段とアップします。それも，ただ絵を描くだけでなく，下のようにストーリーを持たせたマンガ風に描くことができます。趣味と学習をリンクさせて，自分で学びを深く広く楽しめるよう，工夫するようになります。

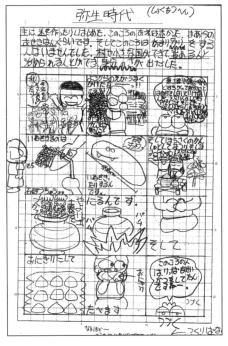 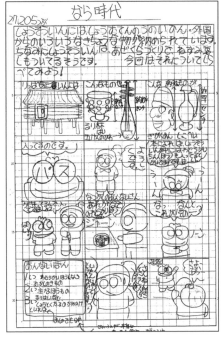

趣味型自学例②

　右のノートは，自分で「矢印法」という思考の流れをまとめる方法を生み出した子の自学です。

　文章を作文風にまとめる子に対抗して，一つ一つの考えを簡潔に表現する方法を生み出したのです。こういう自学が出ると，**希少価値効果**が力を発揮し，自分独自の表現方法を生み出そうとする子が増えます。

　もちろん，同時に，授業中などに**「思考ツール」**を活用しています。

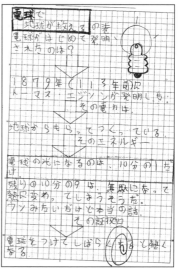

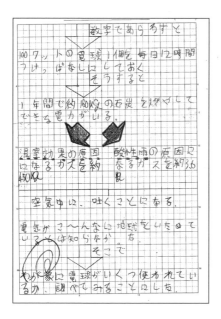

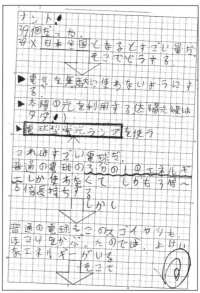

12 高学年の宿題君&面白ワーク

📖 自学につながる宿題君例

　右の宿題君のように，必ず自学メニューのヒントになる問題を入れています。例えば，虫めがね漢字，暗号型算数問題，図形から漢字発見・漢字君紹介などです。宿題君に，自学メニューのヒントがあると，自学に何をやったらいいか迷うことはないです。その裏には，**いいモノマネOK**という考えを，子どもたちに浸透させる意図もあります。

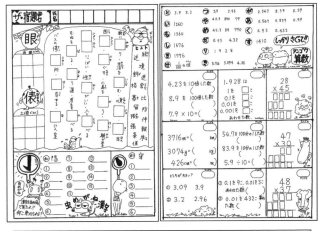

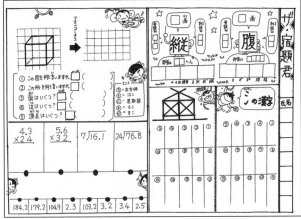

自学につながる面白ワーク例

右の面白ワークは、クイズ型ワークです。プランクトンの問題を、ビンゴ問題にしています。このビンゴでやるという方法はそのままで、理科以外の学びに応用。それが、新しい自学メニューを生み出すことになります。

このとき、本書で紹介している「オズボーンのアイデアチェックリスト」(p.139)を子どもたちにも紹介しています。どのようにクイズ型を変えていけば、自学に活用できるか考える手助けの一つにさせています。

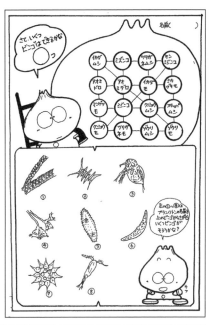

右は、約数を見つけるワークですが、単純なドリル学びを、イラストと合体させて楽しめるようにしています。

6章 自主学習ノートQ＆A

1 なかなか自主学習に取り組めない子がいたら，どうしたらいいですか

📖 焦らず，少しずつ，一緒自学から

　前年度，全く宿題をしないという子がいました。なぜその子が，宿題をしないのか。できなくてしないのか。できるけどしないのか。まずは，子ども理解に力を注ぎました。

　決して焦らず，少しずつ，いつもそう思っています。

　授業中，いろいろな問題を投げかけ，反応を探る。いろいろなパターンの宿題君や面白ワークを提示してみる。その時に挑む姿を見ることができるか。

　いろいろな声かけをしてみる。その時の反応はどうか。時間をかけて，子ども理解。必ずと言っていいほど，絶対にやらないという子はいませんでした。

　やった事実をほめ続ける。すると，ゆっくりであってもやる事実が積もっていきます。「待つこと」……これもまた，教師の大切な自学なのかなと思っています。

　もちろん，本書で紹介している「ふっきゃん教室」（p.35）などで授業外での一緒自学の場も積み重ねています。一緒に取り組む。それも短時間の積み重ね。

　それが，子どもの心を確実に動かしていくと思っています。

> **ポイント**
>
> 　他の子と揃えなくては，そう思うと焦ってしまいます。学びのスピードは，人それぞれ，当然「差」があると話しています。**うさぎとかめの話**をしながら，最後にしっかりとゴールすればいいことを押さえています。

全員経験の場の積み重ね

本著に紹介している「全員経験の場」。その時間を積み重ねることで，なかなか取り組むことができない子を，自学の渦に巻き込んでいきます。

全員経験の場は，他の子どもたちの様子を知ることができる場です。

「あの子もがんばっている」「ああやって，自学に取り組んでいるんだ」と知ることができる場です。

なかなか自学に取り組むことができない子がいる年には，こういう時間をいつも以上に多く取りました。

朝学の時間，授業の始め5分，帰りの5分など，みんなと一緒自学をする時間を積み重ねていく。その時間を増やしました。

こういう場の積み重ねが，自学をすることが当たり前になる力「**当たり前力**」を生み出し，自学の内容はまだ甘くても，やるという事実を残していくことになりました。

自学の内容に焦ったことは，ないです。

1年間という時間で，少しずつ確実に内容は変わっていきます。

自学をやるコツをつかみ，自学がリズムになり，少しずつやることが身についていけば，声かけ一つで内容が大きく変わることもあります。

教師が焦らない。

これは，自主学習システムを子どもたちの中に浸透させていく，涵養を図る上で，一番の心構えだと思います。

1年間かけて，少しでも変わればいいと思う心が必要だと思うのです。

●●● 一言アドバイス ●●●

絶対に焦らない。みんなと同じようにやらせなくてはいけない，そう思わないこと。人それぞれのリズムがあること，人それぞれ学びのスピードが違うこと。教師自身が，この思いをしっかりと持つことが，自主学習をスタートするときに欠かせないと思っています。

2 評価の時間を確保するのが大変な時は,どうしたらいいですか

📔 持って来たときに,声かけをする

　ある年6年生を担任したとき,子どもたちの数は46名でした。途中で転入があり45名から46名になったのです。
　そんな年でも,自学ノートを必ず毎日チェックして返していました。
　もちろん,忙しくコメントを書くことができない日もあります。そんな日には,次のようにして子どもたちに返していたのです。
①朝,自学ノートを出すときに,一言コメントをする
　「このテーマいいねえ。明日も続けてね」「ここの書き方,すばらしい！こういうまとめ方,いいねえ」「ここを,もっと追究すると面白いよ」などその場でコメントをしたのです。
②言葉なき記号で,声かけをする
　本書に紹介しているポイント（p.52）で,声かけをしていました。ポイントのゴールはないです。ポイントが高ければ,工夫している自学だと押さえています。ポイントを付けて,いい所に赤線を引く。
　忙しく時間がないときには,声なき言葉かけとして,ポイントプラス赤線ということがありました。

> **ポイント**
> 　1週間,上の①②を続けることはないです。①②を続けると,確実に子どもたちの自学に対する意欲が下がるからです。最低1週間に一度は,言葉のコメントを書くように心掛けていました。

📓 学級通信にコメントを書く

　拙著『一人ひとりを見つめる子ども研究法の開発』（明治図書）に，「ザ・チャイルド」という実践を紹介しています。
　学級通信に全員の名前を書き，その下に数行のコメントを書く取り組みです。そのコメントは，すべて子どもたちの日々の成長記録です。
　時間がなく，自学にコメント評価を書くことができないときには，この「ザ・チャイルド」にコメント記録を残すようにしていました。
　例えば，次のようなことを書いています。
　太田太郎……素晴らしいマーク分析でしたね。自分発問「なぜ，このマークにしたのか」「いつ，このマークを作ったのか」「誰が，マークを考えたのか」など，よく考えていたのにびっくり！すばらしい。５Ｗ１Ｈをよく使っているのに感心するよ。ありがとう。次のマーク分析も楽しみにしています。
　学級通信に紹介すると，他の子どもたちも読むことになります。クラスの友達が，今どんな自学に取り組んでいるかを知ることができます。
　同時に，保護者の皆さんも，他の子どもたちがどんな自学に取り組み，どんなことを褒められ，認められているのかが分かります。
　こういう場を**「一石二鳥のコメント評価の場」**と呼んでいます。
　この通信へのコメントを書くためにも，今は，子どもたちの自学ノートをデジカメでパチリッと撮影しておくことがあります。
　写真があるだけで，通信を書くとき，コメントを書きやすくなります。

●●● 一言アドバイス ●●●
　学校で時間がないときには，家に帰ってじっくりとコメントする。そんな場を用意しています。じっくり書いたコメントは，子どもたちの心にじわじわと沁みる言葉になるようです。すぐコメントしなくてはいけない，そう思う必要はないと思っています。

3 自学を子どもたちに定着させるために，日頃から心がけていることはなんですか

📱 日々「種まき」① AIDMAの法則

「AIDMAの法則」という言葉を聞いたことがありますか。これは，次の言葉の省略です。1．Attention（注意）2．Interest（関心）3．Desire（欲求）4．Memory（記憶）5．Action（行動）です。消費者が，ある商品を知って購入に至るまでの流れだそうです。

子どもたちを消費者とは思っていないのですが，子どもたちの「注意・関心」を引き寄せ，もっと追究してみたいという「欲求」「行動」を起こすような仕掛けを打ち続けたいと思うのです。

例えば，算数の時間に「直線・曲線」という言葉が出たときには，「○線－○線」という対比関係の言葉を探させました。ただ「直線・曲線」という言葉を教えるだけでなく，「線」そのものに注意・関心を向けさせたのです。「実線－点線」「斜線－垂線」「緯線－経線」「外線－内線」「幹線－支線」「無線－有線」「単線－複線」など，実に多くの言葉に目を向ける子どもたちが出てきました。そこから「○然－○然」「○前－○後」などへと発展し，自学メニューを増やす子が出てきました。この事実を大切にしています。

> **ポイント**
>
> AIDMAの法則の流れを大切にしています。子どもたちが，新しい自学メニューを生み出す手助けを，この法則に従って仕掛けています。いかにすれば，注意・関心を向けさせることができるか。いつも考えています。

日々「種まき」② オズボーンのチェックリスト

「オズボーンのチェックリスト」という言葉を聞いたことがありますか。
アイデアを生み出すときに使うリストです。例えば，次のようなリストがあります。

1．他に使い道は	2．応用できないか	3．修正したら
4．拡大したら	5．縮小したら	6．代用したら
7．アレンジし直したら	8．逆にしたら	9．組み合わせたら

この九つのチェックリストを生かして，子どもたちに「見せたいもの」を「魅せるもの」に変えています。

注意・関心が高まるように，工夫しているのです。

拙著『資料提示の技術』（明治図書）にも，このチェックリストは紹介しているのですが，授業中にものを見せるときは，すべて，このリストを生かして資料提示しています。

見せる⇒魅せるにする仕掛けだけで，子どもたちが新しい自学メニューにしたり，もっと追究し続けたりします。

教室の掲示一つにも，このチェックリストを意識しています。自然と，見たくなるように加工しているのです。

自学が子どもたちの中に，染み入っていくためには，常日頃からの教師の地道な努力が欠かせないと思うのです。

●●● 一言アドバイス ●●●
AIDMAの法則にしても，オズボーンのチェックリストにしても，もっと見たくなる魅力あるものに加工していくための，一つの方法です。教師は，魅せる技をいくつも持っておく必要があると思っています。それが，自学を一人ひとりに涵養する力となるのだと考えています。

自学をするのに時間がかかり過ぎる
と言われた時,どうしたらいいですか

📖 取り組みの様子を把握する

　自学をするのに,夜10時を過ぎてしまうという子がいました。1ページをするのに,1時間以上かかるという子もいました。朝5時に起きて,1時間の自学をするという子もいました。

　こういう子どもたちがいたとき,その取り組みの様子をしっかりと把握することに力を注ぎました。

　10時過ぎてしまう子は,何時から自学を始めているのか。何に時間がかかってしまっているのか。親はどんな声かけをしているのかなど,細かく把握していきました。

　その上で,**声かけ(肥えかけ)**をしました。ただ時間がかかり過ぎるからと言って,「10時過ぎたら駄目だよ」というような声かけをしたら,子どものやる気はどんどん下がります。これは,**声欠け**です。

　「ここをこう工夫すると,自学が変わるね」というアドバイス的な声かけを積み重ねること,それが声かけ(肥えかけ)だと思っています。

　もちろん,この声かけのためには**「共育」**が欠かせません。親の声もしっかりと聞く。そんな場を持てるように仕組むことも大切だと思っています。

> **ポイント**
> 　時間がかかる子も,一声かけることで必ずと言っていいほど,やり方が改善されます。自主学習システムは,常に改善の連続です。子どもたちの姿に合わせて,声かけをし,改善するという気持ちで取り組みます。

スピード力をつける場を設定する

全員経験の場や，授業中に，子どもたちの「学びのスピード」をアップする場を仕掛けます。

そこでは，次のような意識を子どもたちにもたせるように，声かけをしています。

> 「5分も」ある。「5分しか」ない。

「今から5分で，自学がどこまでできるか試してみましょう」……4月から，5分を利用して「自学タイム」を設ける場を仕組んでいます。

初めは，ノート半分も埋まらない子が多くいます。

ところが，慣れてくると，1ページを確実にやり上げる子が出てきます。一人出てくると，次々と刺激を受けて，学びのスピードが上がっていきます。

この事実を，うんと褒めるだけです。

「すごいです！　5分でもこんなに素敵な自学ができるんですね。時間をかけて，たくさんやる自学も素敵ですが，どうしても忙しくて時間がないときでも，集中してやると，こんなに素敵な自学になりますね」

時間をかけて自学をするという姿，時間がないときでも素敵に自学を仕上げることができる姿，すべて認め褒めます。

その上で，「時間を生かすこと」を子どもたちに1年間かけて押さえていくようにしています。

●●● 一言アドバイス ●●●
時間は無限にはない。時間は，誰もが1日24時間。その限られた時間を，どう生かしていくことができるか。これが，最高の自学だと話すことがあります。時間を大切にする心が，時間をかけ過ぎずに，自学に集中して取り組む子どもたちへと変えていきます。

5 保護者に，どんな協力をお願いしていますか

📔 肥えかけになる声かけを

　30数年自主学習に取り組んでいると，保護者の協力が大きければ大きいほど，子どもたちの自学が大きく深化・進化していった事実を見てきました。
　もちろん，保護者の中には，「自主学習」のやり方や関わり方が分からないという方も多いです。
　そこで，4月初めの懇談会で，**「教育は共育・協育で強育になる」**という話から「自主学習」への関わりのお願いをします。
　歴代の自学ノートを見せながら，1年間でどんな風に変わっていったかの事実を示し，そこに親がどう関わっているかの事実も伝えました。
　特に，声かけです。やっている事実をほめること，日々いいところを見つけてほしいことなどをお願いします。**【プラス思考の声かけ】**です。
　声かけが肥えかけになり，子どもたちの心が育っていくという話をすることで，力を貸していただけることが多かったです。
　さらに，懇談だけではなく，学級通信や共育カードなどを通じて，日々変化する子どもたちの姿に対して，教師自身もどう関わっているかを伝え続けます。

> **ポイント**
> **1年間の肥えかけ**……これを強くお願いしています。子どもたちは，日々成長しています。成長する姿を当たり前に思わず，がんばっていれば，何度でもほめる。これを大切にしてほしいとお願いするのです。

共に学び 共に楽しむ

　低学年の保護者は，どちらかというと，子どもたちと一緒に自主学習に取り組むことが多いです。
　ところが，高学年の保護者は，「子どもたちの習っている勉強のこと，よく分からないから」と逃げ腰になられる方も多いです。
　そんな保護者の気持ちを変えるのが，日々の宿題君であり，面白ワーク，学級通信の役割だと思います。
　子どもたちが，日々どんなことを学び，どんな取り組みをしているのか。子どもたちの学校での様子がわかると，高学年の保護者も次第に，子どもたちに積極的に関わるようになった姿を何度も見てきました。
　特に，今まで「勉強しなさい」「勉強した？」と言っていた保護者の言葉がが，「よく勉強しているねえ」「難しいことに挑戦していて，すごいね」という**「肥えかけ言葉」**に変わっていくのを強く感じています。
　宿題君や面白ワーク，学級通信などを通じて，親も子どもたちと一緒に学びを楽しみ始めたからです。
　子どもたちと一緒に学ぶことが面白く，楽しいと，どんどん共育・協育をしてくださるのが保護者です。
　そのためにも，教師は**「少しの手間」**をかけるべきだと思っています。
　宿題君や面白ワーク，学級通信を発行することは，結構時間が必要です。
　ましてや，1年間続けるとなると，それなりの覚悟がいります。でも，手間をかけた事実は，確実に親を動かし，自学を変える力になると思うのです。

●●● 一言アドバイス ●●●

　保護者に「肥えかけの声かけ」のお願いをしたら，お願いするだけでなく，教師自身も覚悟を決めて，手間を少しかけることを惜しまない努力を積み重ねていくことが大切だと思っています。この積み重ねが，自学を深化・進化させる力となっていくのだと思います。

6 自学をがんばった子に，何か賞をあげていますか

📱 手作りのモノを全員に渡す

　自学賞として，全員に記念に残るものを手作りして渡しています。

　例えば，右の写真のようなものです。

①イラストを描き，パソコンにデータとして保存。

②Ａ４サイズに，右のような図案で印刷。

③□のワクの中には，一人ひとりの名前を打ち込む。

④カラー印刷し，ラミネート加工をする。

　子どもたちは，これを下敷きとして使用しています。がんばった証を，毎日使用する下敷きにして日々活用。

　「自学賞」という文字を見るたびに，自分のがんばりの足跡を振り返っているようです。手作りにすることで，一人一人が努力した事実に応えています。手間をかけて教師も賞を贈る事実を見せています。

> **ポイント**
>
> 　自学でがんばった事実に，学期や月ごとに賞を贈る。**節目発想**です。節目を大切にすることで，子どもたちもさらに上を目指してがんばろうという気持ちになります。節目を盛り上げるのが，こういう手作りの「賞」です！

教師の得意を賞にする

　自学賞は，自分の得意とするものを贈ることを勧めます。
　自分は，イラストを描くことが好きなので，絵を使った「賞」を手作りしています。

①右の写真のようなイラストをいっぱい印刷した「磁石」板

　これは，100円ショップにある「磁石」板に，プリンターを使って印刷したものです。自由にはさみで，一つ一つのイラストを切り離すこともできます。

②100円ショップにある色紙で賞

　色紙に，イラストを描いて「賞」として配ることもあります。
　3枚で100円の色紙一枚一枚に，丁寧にイラストを描き，色付け。少し高級感が出てきます。

③木で人形作りをして賞

　伝言板など余り材を活用して，そこにイラストを描き，電動のこぎりで，一つ一つ丁寧に切っていきます。その人形を他の余り材に付けて，見た目をトロフィー風にしています。
　大喜びの賞になります。

●●● 一言アドバイス ●●●

　自分の得意なことを賞にすると，あまり時間をかけなくても，子どもたちが喜ぶ賞をつくることができます。もちろん，賞状でもいいのですが，その場合は，少しでも手作り感が出るように，工夫するといいと思います。先生が，心を込めてつくってくれたモノという意識が高まります。

7 自学ノートが1冊終わったら，どのようにされていますか

📓 ノートにイラストやメッセージを書く

　1冊の自学ノートが終わったら，下のような手書きのイラストを，ノートの表紙か裏表紙に描いてあげます。もちろん，メッセージも添えます。

　子どもたちが「やりとげた」事実をお祝いするのに，少し手間をかけるようにしています。

　やりとげた自学に，少しだけ付加価値をつけることで，大切に取っておいてくれます。これを**「おまけ発想」**と呼んでいます。

　何十年も大切に保存している教え子達に，よく出会います。

　「賞」も一つのおまけですが，やりとげたノートは，子ども自身の学びの足跡です。素敵な宝です。大きな事実です。

　誕生日と同じように，とことんお祝いしています。

> **ポイント**
>
> 　ノート1冊やりとげることは，決して簡単なことではないです。それだけに，誕生日同様，うんとお祝いする場としています。お祝いも，目に見える形で渡します。イラスト・メッセージはその一つです。

手本自学とする

　1年間に，何十冊とやりとげる子がいます。そういう子には，そのうちの1冊か2冊の自学ノートをもらえないか，お願いしています。

　来年の，再来年の，これから先の子どもたちの「手本」としたいと言って頼んでいます。

　一生懸命やりとげた自学だけに，簡単にはもらえないことが多いですが，必ず「役に立てる」ということで，無理を承知でお願いし，もらっています。

　その自学ノートも，500冊以上になりました。

　「量」が溜まった頃，子どもたちの自学が飛躍的に変わっていったのを思い出します。

　それは，真似してみたい手本自学に，確実に出会うからです。

　「先生，この自学ノート，貸してくれませんか」

　そんな言葉を，何度となく聞きました。真似したいものがあると，目標が定まり，アドバイスをしなくても，どんどん自学が深化・進化します。

　ただ大切なのは，一度に何十冊もの手本自学ノートは見せないということです。

　「ジャムの法則」というのがあるのですが，選ぶものが多すぎると，かえって悩んでしまうからです。少しずつ少しずつ，小出しに手本自学を見せるようにしています。

　次には，どんな手本自学を見せてもらえるかという，ワクワク感が1年間ずっと続くのが楽しみだと言うのです。

●●● 一言アドバイス ●●●

　何冊かやりとげたら，「手本自学」にお願いする。これが30数年間自学を続けてきた鉄則の一つです。手本となる自学が集まれば，自学システムが浸透するスピードも加速的にアップします。自学の内容も飛躍的に変わっていきます。手本自学は，大切なアイテムです。

8 学級通信で,自学をどのような形で紹介されていますか

📖 全員を載せる原則

　自主学習システムを始めたと同時に,学級通信の発行号数が増えていきました。それは,全員の自学を,学級通信に紹介する形を取るからです。
　例えば,46人のクラス担任だったときは,46人を載せる。
　もちろん,毎日ではないです。節目に発行することが多かったです。毎月の初め,毎週の初め,行事の締め,学期の初め・中・終わりなどです。
　もちろん,年によっては,ほぼ毎日全員を載せた年もあります。そんな年の発行号数は「909号」まで行きました。
　またある年は,会報誌型の学級通信にして,1日十数ページの通信を発行したこともあります。すべて,素敵に変わっていく自学の事実を伝えたかったからです。親を巻き込むには,子どもたちの「変わっていく姿」を伝えるのが一番だと思っています。
　57歳になった今でも,この気持ちは変わりませんが,通信の発行号数は,控えめにする「節目型」をとっています。
　言葉で全員の自学のいい所を紹介する,掲示板で全員を紹介するなど,学級通信以外での全員紹介にも力を入れています。

> **ポイント**
> 　自学の量・質の差はあれど,どの子も日々がんばって自学に臨んでいます。質が高いから学級通信に紹介するのではなく,一人ひとりの努力の素晴らしさを通信で紹介するようにしています。

手本となる自学を載せる原則

　全員の自学を載せることは，当然毎日はできません。日頃は，手本となる自学を載せることが主になっています。
　もちろん，同じ人ばかりは載せません。
　1週間で，最低一度は全員が出るように考えて，手本自学紹介をしています。トータルすると，全員が同じ回数程度は載せています。
　ちなみに，手本とする自学は次のようなものがあります。
　①新しい自学メニューに取り組んでいる自学
　②追究し続けている自学
　③丁寧に取り組んでいて，ノートの構成が参考になる自学
　④授業中にやったことを，自学ネタにして取り組んだ自学
　⑤友達と協力して一緒にやった協力自学
　⑥親子で取り組んだ親子自学
　⑦モノ作りを自学にしたモノ自学
　⑧予習を自学にした前もって自学　　など
　もちろんこれ以外でも，これは，今紹介しておきたいと思ったものは，すぐにスキャンしたり，デジカメ撮影したり，コピーして紹介しています。
　本書にも書いているように，手本が新しい自学メニューを生み出したり，よりいいノート構成を生み出したりするきっかけになります。
　さらに，学級通信を読んだ保護者の自学イメージが，どんどん広がっていくのも，手本自学のおかげです。

●●● 一言アドバイス ●●●
　学級通信に，手本となる自学を載せます。あるときは全員を，あるときは数名のものを載せます。ただ通信は印刷ものなので，通信に載せると同時に「自学交流会」を行っています。お互いの自学ノートを見せ合う時間です。全員のものを見て，いいところを探すことを基本にしています。

9 他の学級や他学年との関わりで自学を取り組む上で配慮していることはありますか

自学交流の場

　同学年の先生方も，自主学習に取り組んでいたらチャンスです。自学交流の場をお願いします。

　子どもたちが，どんな自学に取り組んでいるか。お互いのクラスの自学ノートを見せ合ったり，自学システムについて聞いたりします。

　自分とは違った攻め方で，自主学習システムづくりを行っている事実にたくさん出会ってきました。その中で，自分のやりたいことにつながるヒントがあれば，すぐに取り入れました。

　これは，他学年でも同じです。他学年で，自学に取り組んでいるクラスがあれば，自学交流のチャンスと思っています。

　ここでも，自分が取り組んだことがない事実に出会うことが多くありました。その都度しつこく質問し，学んできました。

　もちろん，自分自身が質問を受けることも多かったです。

　質問されることで，自分自身が取り組んでいる自主学習システムについて再考する場となりました。

> **ポイント**
>
> 　同学年，他学年と自学交流をする場がもてる。こういう場があると，自学が今まで以上に盛り上がります。情報交換ができ，新しいことに挑戦するきっかけになります。こういう場を常にもてるように模索しています。

歩調を合わせながらも新しいシステムづくり

　同学年4クラスある学校で、自主学習システムに取り組んだときのことです。自主学習システムをスタートする前に、自分の学級での「宿題」や「自学」についての話を同学年の先生方にしました。

　学校によっては、4クラスもあると、出す宿題の量をある程度揃えたいとお願いされることがあるからです。

　同学年の先生方とある程度の歩調を合わせながら、自主学習システムをつくっていくこともまた、一つの試みだと思っています。

　自分のやりたい自主学習システムを、無理してまで推し進めることは30数年間、一度もしていません。

　振り返ってみると、まずは自分のやりたいことを話し、その後、その年その年にできるやり方を模索することで、自主学習の新しいトビラを開くことになったと実感しています。

　ところで余談ですが、今は「自学」という名前をどの先生も知っていますが、30年前は、知っている先生の方が少なかったです。どちらかというと「自由勉強」と呼ぶ先生方が多かったです。この頃は、システムをつくるという感じではなく、宿題以外に自由に勉強をしてきなさいという感じでした。自主学習⇒自学も同じようなものとして捉えられ、意外とすんなりと「先生の好きなようにされてください」という感じだったのを思い出します。

　時の流れを感じますが、その年その年にあったやり方づくりに力を注ぐのは変わらないと思っています。

●●● 一言アドバイス ●●●

　歩調を合わす……自分のやりたいことをすべて捨てるということではないです。自分だけのことを考えずに、周りのことを考えながら、今できる最大のことはなにかを追い求めることだと思っています。そうすることで、新しい挑戦が生まれると思っています。

10 特別支援学級で，自学に取り組まれたことはありますか

協力型自学として取り組む①

　自閉症・情緒障害特別支援学級を担任したときのことです。7名の児童がいました。そのとき取り組んだのが，協力型自学です。
　右の写真のような自学です。
　これは「漢字発見」という自学なのですが，糸へんの漢字を辞典で探して書くというものです。
　イラストは，私が描いたものです。このイラストの色ぬり，ワクの中に漢字を書くのは，子どもです。
　ある程度のワクができていると，自学に取り組む子どもたちでした。
　協力して一つの自学を完成する。それを，全校のみんなが通る場所に掲示する。そんな場を，繰り返し設定していました。

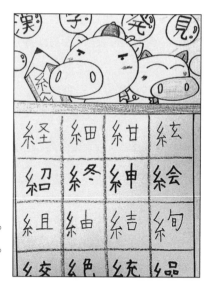

> **ポイント**
> 　特別支援学級に在籍する子どもたちの実態に合わせて，自主学習の取り組みは変わってくると思いますが，基本は「協力型」がいいと思っています。一緒に作り上げる。その事実の積み重ねを，大切にしています。

協力型自学として取り組む②

　下の「ことわざ自学」は，何人かの子どもたちが協力して作成した自学です。

　番号を書く子，問題を書く子，答えを隠すカードを作成する子と数人で一つの自学を完成しました。

　協力して，一つのモノを創り上げることができる事実は，自閉症・情緒障害特別支援学級にとっては，大きな出来事です。

　作成途中に文句を言わない。とにかく，「すごいなあ」「上手い！」「いい色だ！」などと，ほめまくる。任された箇所を一生懸命にやり上げる姿を，とことんほめる。そんな協力型自学の時間を，楽しく過ごせるようになるように，教師はひたすら声かけです。

　上手い下手ではなく，やる・やり続ける・やりとげた事実を大切にしています。

　一人ひとり，わがままを言わず，協力して自学を完成した事実が，他の子どもたちからも認められる事実となります。

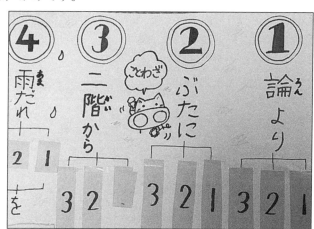

●●● 一言アドバイス ●●●

　自閉症・情緒障害特別支援学級では，授業中や休み時間などを利用して，協力型自主学習に取り組ませます。一日で仕上げるのではなく，少しずつ完成させていく。その過程を楽しみ，その過程の姿をうんと褒める。そうすることで，自学をすることを楽しむようになります。

11 自学を30年近く続けてきて心に残るエピソードはありますか

📖 教師自身の子ども観が変わったこと

　本書に紹介しているように，30年以上自学に取り組んでいると，いろいろな自学に取り組む子どもたちに出会いました。

　1日30冊の自学ノートをやって来る子。1日1冊の自学ノートを仕上げてくる子。ごんぎつねの分析をノート3冊に渡って続けた子。子ども版学級通信を発行することを自学にし，1年間で100号以上の通信を書いた子。

　旅学びを何日間かかけて計画し，山口県のおみくじ作りを調べ，土曜日を利用して会社訪問をした子どもたち。会社訪問をして学んだことを，大判用紙自学と称して，何枚にも渡ってまとめました。

　全国各地に手紙を書くことを自学にし，1年間に一人で100通以上の手紙を書き続けた子どもたちもいます。

　すべて，教師の想像を越える自学に取り組んだ子どもたちです。

　ここに紹介しきれないくらい，多くのドラマに出会いました。

　自主学習に取り組むと，子どもたちの学びに対する可能性のトビラは無限だと実感することばかりでした。

　教師自身の子ども観が変わった。これが一番のエピソードかも知れません。

> **ポイント**
>
> 　自主学習に取り組むことで，教師自身が変わる。教師の子どもたちに対する意識が変わる。これが，一番大きな学びだと思います。子どもたちは，実に貪欲に学び続けます。その学びの奥は，底なしです。

親を巻き込む

本書にも紹介しているように,自主学習に取り組み始めると,親を自学という世界に巻き込むことになるということです。

親子自学として,一緒になって学び始める姿を何度も見てきました。

「先生,お母さんの分まで面白ワークをください」

「先生,この自学,お父さんと一緒にやりました」

こんな言葉を何度も何度も耳にしました。

自学を通して,親子のコミュニケーションがどんどん深まっていく様子を何度となく見てきました。

自主学習は,子どもたちをアクティブ・ラーナーにするだけでなく,家族みんなを一級の学び手にする力を持っていると思うのです。

ある年,こんな自学テーマが,クラス全体の学びのテーマになったことがあります。「歯は骨か」……これを,クラス全員が追究した年があります。

まだ,ネットが普及していない頃です。クラス全員の親が,百科辞典で調べたり,歯医者さんに行って聞いたりして自学ノートにまとめてきたことがあります。

自主学習は,人と人をつなぐ力があると,強く感じた瞬間でした。

毎年毎年,前年度とは違ったドラマが生まれました。

学年が違い,子どもたちが違えば,自分の考えていなかったことに出会う楽しみがありました。

だから,自主学習に30年以上取り組めたのだと思います。

●●● 一言アドバイス ●●●

自主学習に取り組むと,授業中だけでは味わうことのできないドラマに多く出会ってきました。それは,自主学習が学校外での取り組みだからです。教師の見えない所での取り組みに,目を向けることができる自学。教育の奥の深さを知ることができる場だと思います。

おわりに

　手元に，500冊近い自学ノートがあります。宿題君は，8000枚近く書いています。面白ワークも5000枚以上あります。
　その中から，本書にどのノートのどのページを載せようと，悩む日々でした。一冊また一冊と，自学ノートを開いては，当時のことを思い出しながら読みふけっていました。
　全部の自学ノートを読み直すのに，なんと数ヶ月もかかってしまいました。
　同時に，数千枚の宿題君と面白ワークをチェックしていくのにも時間がかかりました。これも載せたい，あれも載せたいと思うと，いつの間にか筆が止まっている自分がいました。
　本書のＱ＆Ａにも書いたのですが，その年その年によって，自主学習システムは少しずつ変わっていきました。学年の歩調に合わせると，どうしても今まで取り組んできた方法とは違うやり方で取り組む必要が出てきたからです。
　その一つ一つを思い出していると，どのシステムについて書こうか，いつの間にか迷っている自分がいました。
　自学に関する本として出版した，『自学能力を鍛える7　自学力を育てる授業と家庭学習のシステム化　小学5年』を発刊したのが1993年です。
　『知的学級掲示自学のアイデア』は，1994年。
　『自学ノートの指導技術　小学5年』は1995年。すべて，今から20数年も前のことです。当時は，まだ実践数が少なかった上に，5年生限定で書いたので，書きやすかった自分がいます。
　実践し続けて30数年が経ち，全学年で実践してきたことを分かりやすく伝えるためには，どの部分をまとめればいいか，なかなかすっきりさせることができませんでした。
　悩み続けているうちに，お願いされてから1年が経っていました。

1年間で，自分の自学に対する考えを書き綴ったノートは，数冊になっていました。

　その中から，少しずつ「芯＝原理原則」になる部分だけを，探り出していきました。

　本当，苦しい作業でした。何度となく，挫折しそうになりました。こんな書き方で伝わるのか，という思いとの戦いでもありました。

　でも，全国各地の講座に行くたびに，自学のことを知りたい。どうやったら子どもたちが，自学を楽しむようになるのかをもっと知りたいという声をいただきました。

　その声が，一番の励みでした。力になりました。

　自分は60才まで，あと3年です。自分がやってきたことが少しでもお役に立てるのなら，どんな形であれ，まとめるべきだという思いが強くなってきました。

　何度となく挫折しそうになっても，明治図書の茅野さんは待っていてくださいました。待っていてくださる方がいる心強さ。その心強さもまた，大きな力となりました。

　この思いは，まさに自学と同じだと思いました。

　子どもたちが言います。「先生が，ぼく達の自学を楽しみに待っていてくれたから，がんばり続けることができた」と。

　自学には，「磁力」があると思っています。人の心を引き寄せる力です。

　これを自分は，**「慈力」**と書いています。

　自学を通して，多くの子どもたち同士が，多くの保護者同士が，多くの地域の方々とのつながりが深まっていく姿を，幾度となく見てきました。

　それだけではないです。

　自学を通して子どもたちが，身の回りにある多くのモノと，身の回りに起きる多くの出来事と，身の回りにいる多くの人と関わっていく姿も，たくさん見ることができました。

自学は「不思議な力＝慈力」を持っています。
　本書には，30数年間，その自学の不思議な力＝慈力を感じ続けた実践を紹介しています。
　本書を読まれた方が，長く自学に取り組むことで，より多くの「慈力」を味わってほしいなあと思います。
　自学に，**「バカ」**と言われるぐらい取り組み続けてほしいのです。「バカ」というのは，読み方を変えると**「バリキ」**と読みます。
　「バカ」と呼ばれるくらい必死に取り組み続けることで，いろいろな場で力を発揮する**「場力」**が身につくと思うのです。さらに，どんな試練にも負けない**「馬力」**もついてきます。

　場力と馬力があれば，自主学習システムを10年，20年，30年と確実に続けることができると思います。その過程で，本書に紹介したやり方とは違うものを生み出していかれると思います。
　ぜひ，そのときはメールしてください。いろいろと教えてください。自分もまた，残りの教師生活の自主学習システムに生かしていきたいです。
　そんな交流ができることを夢みています。
　2822640601@jcom.home.ne.jp に，多くのメールが届くことを楽しみにしています。

　1年以上も，本書を書き上げることを待ってくださった明治図書の茅野現さんに，何度お礼を言っても言い尽くせません。ただただ感謝です。

2018年4月　福山　憲市

【著者紹介】
福山　憲市（ふくやま　けんいち）
1960年山口県下関市生まれ。広島大学卒業。山口県下関市立一の宮小学校教諭。現在、「ふくの会」というサークルを33年継続。「ミスをいかす子ども達を育てる研究会」も組織し、ミス退治運動を進行中。
本書を読んでの感想等は、2822640601@jcom.home.ne.jp まで。

【主な著書】
『自学ノートの指導技術　小学5年』『一人ひとりを見つめる子ども研究法の開発』『社会科基礎・基本を確実に身につけさせるワーク　小学5年』『算数ミスを減らす指導法』（1・2年生編，3・4年生編，5・6年生編）『漢字ミスを減らす指導法』『作文感覚を磨き作文ミスを減らす指導法』『言葉感覚を磨き言葉ミスを減らす指導法』『社会経済システムの理解』『算数科「言語活動の充実」事例』『スペシャリスト直伝！　学級づくり"仕掛け"の極意』『20代からの教師修業の極意～「出会いと挑戦」で教師人生が大きく変わる～』『15分で国語力アップ！小学校国語科アクティブ・ラーニング型面白ワーク60』『全員が喜んで書く！　作文指導のネタ事典』『国語授業が100倍盛り上がる！　面白ワーク＆アイテム大事典』（以上，明治図書）

授業づくりサポートBOOKS
自主学習システム＆ノート作成法

2018年6月初版第1刷刊	©著　者	福　山　憲　市
2019年5月初版第4刷刊	発行者	藤　原　光　政
	発行所	明治図書出版株式会社

http://www.meijitosho.co.jp
（企画）茅野　現　（校正）宮森由紀子
〒114-0023　東京都北区滝野川7-46-1
振替00160-5-151318　電話03(5907)6701
ご注文窓口　電話03(5907)6668

＊検印省略　　　組版所　中　央　美　版

本書の無断コピーは、著作権・出版権にふれます。ご注意ください。

Printed in Japan　　　　ISBN978-4-18-104929-4
もれなくクーポンがもらえる！読者アンケートはこちらから→

好評発売中！

1日15分で学級が変わる！
クラス会議 パーフェクトガイド

諸富 祥彦 監修／森重 裕二 著

A5判・136頁・本体1,900円＋税　図書番号：1864

朝の15分間を使って行うだけで、学級が変わるクラス会議。クラス会議を長年行ってきた著者が、クラス会議の導入の仕方、成功するコツ、おススメアクティビティなどを紹介。学校や保護者へのクラス会議説明プリントの見本もついた、まさにパーフェクトな解説本です！

学級経営サポートBOOKS
クラスがみるみるまとまる「毎日レク」
準備ゼロでできるインプロゲーム＆アクティビティ

栗原 茂 著

A5判・144頁・本体1,900円＋税　図書番号：1865

遊びを通して、協力する力や創造力を育てる。そしてみるみるクラスがまとまっていく。本書では、そんなインプロゲームやアクティビティを4コマ漫画とともに60例紹介。

ミラーゲーム、猛獣狩りに行こうよなど、一風変わった遊びでクラスが変わります！

明治図書　携帯・スマートフォンからは **明治図書ONLINE へ** 書籍の検索、注文ができます。

http://www.meijitosho.co.jp　＊併記4桁の図書番号（英数字）でHP、携帯での検索・注文が簡単に行えます。

〒114-0023　東京都北区滝野川7-46-1　ご注文窓口　TEL 03-5907-6668　FAX 050-3156-2790

＊価格は全て本体価表示です。